Retazos y Raíces

Un reto al Amor y a la Verdad

Ricardo Flores Joya

Recomendaciones

Son solo ángeles de las letras, pienso yo!! Personas como tú que puede uno realmente leer y volver a leer. A mí, me aterra hablar. Rehuyo a los discursos y los eventos donde pueda encontrarse mucha gente. Me preguntaba si Ricardo puede expresar sus letras de la misma forma como las escribe. Escribes para tanta gente!! Tienes un encanto personal que podría tachar de irreverente. Observo tu rostro y puedo ver un destello de bondad que te faculta para defenderte de la enorme pesadumbre de éste mundo que solo se puede vivir cuando logras discernir lo imperceptible del ser... Aunque podría decir que también puedes ser cruel con los tontos, los necios, los cara dura que se sienten dueños del mundo.

Me estoy preguntando: el buen Ricardo, ¿para quién escribe?.... ¿Será que escribe para sí mismo o para los buenos amigos? Así como decia mi escritor favorito, el buen Gabo... porque si es así, los buenos amigos nos disponemos a quererle más y más para que no deje de escribir. Escribo ésto porque agradezco infinitamente tu generosidad al compartir escritos tan bellos y porque espero algún día escribir con la sensibilidad y belleza que tú lo haces.

Gracias infinitamente ...

Elvira Ramos Garcia

... ¿Tú quién eres?

Eres una persona abierta, emanas brisa ... dulce y suave. Tus palabras: llenas de contenido, afectos, emociones, sentimientos... Tus poemas expresan naturalidad: asumes sencillamente lo que sientes. Y aunque no escuche el sonido de tu voz y de tu silencio... la brisa que emanas... llega fresca y alegre, como caricia de amanecer. ¡No calles! Sigue escribiendo ... ¡¡siempre!! Dirige, con maestría las palabras y estas sonarán con armonía. Como las olas del mar llegarán y romperán una tras otra en algún remoto lugar... tu brisa, tu ola, tu caricia navegarán en el océano infinito en el mejor de todos los viajes: vivir la vida sin destino final, vivir la vida sin meta especial. Vivir la vida sin miedo. Vivir un solo día: ¡¡LA VIDA EN SU TOTALIDAD!!

Libania Marcelo

Esa musa que inspira tus versos, es la musa que inspira los mios, es el aire, el agua, la tristeza... la belleza, el canto, el amor... es eso que llevas contigo, es eso que llevo conmigo es lo bello que sale en tus versos, es el canto de tu alma a la vida. Con toda mi admiración para este gran artista (es lo que me inspiran tus versos cada vez que los leo).

Rios Liliana Leonor

Prólogo

Tienes ante ti un libro de poesía. Dicho así suena a frío papel, manchado de tinta, y es justo eso. Mira entre tus manos y descúbrelo... tócalo. ¿Acaso es sólo eso? ¿Es el mar sólo agua que moja?¿Es el cielo sólo aire que va disolviendo en azules? ¿Será un hijo tan solo un humano más?

¿Es el amor de tu vida sólo otra persona?

No tienes ante ti un libro de poesía. Es la oportunidad de meterte en tu interior, de descubrir a qué saben tus recuerdos, de soñar despierto tus propios sueños. Es el arma definitiva contra tus barreras . Tus miedos serán descubiertos. Tus daños quedarán expuestos. Es el poder de la palabra hecha belleza. Es la fuerza de los sentimientos hecha blanca espada de papel, con la qué cortar el viento de la monotonía, de la costumbre, enemiga del placer. Es el laberinto de la vida resumido en la simpleza de lo verdaderamente importante. Sobre todo, esto es Ricardo Flores Joya . El autor de este libro trasciende a su persona. Emerge como mucho más, alcanzándote, apoderándose de ti para acariciar tus sentimientos, para atizar tus fuegos y calmar tus penas. Inmenso, pero modesto... mucho Ricardo... muuucho Ricardo...

Este pobre prólogo es solo la tosca puerta que da al paraíso, y que no debe entorpecer su paso. Tan solo una úlima cosa señalaré: Tiéndele la mano sin reservas, tírate a su piscina sin mirar. Salta su vacío sin red. Él te cogerá. No sólo es poeta. Es una gran persona, lo sé , porque soy su amigo.

Salviati

Introducción

He conocido a Ricardo Flores por casi cinco décadas. El ha sido para mí guía, padre, mentor, amigo y ejemplo. He convivido con Ricardo; el de la búsqueda espiritual, el ateo, el bohemio, el mujeriego, el hombre de fé, el padre abnegado, el amante esposo, el héroe, el filósofo y el revolucionario. He observado su pasaje por mi vida. Tuve el privilegio de oírlo cantar tangos de amor; de sentarme a conversar por horas y noches enteras sobre la mente, el universo, la verdad y los misterios; de verlo al borde del suicidio por ataques de insomnio y dolor; de heredar de él un entendimiento sobre el verdadero cristiano, el que tiene hambre y sed de justicia y no el que está comprando el cielo con la venta de su alma; de verlo arriesgar su vida por la verdad, y vivir su vida por amor.

Dice Ricardo que "el amor es un privilegio." Yo soy testigo ocular que Ricardo se ha ganado dicho privilegio. Ama, entonces, no con sentimentalismos baratos sino con la fuerza y profundidad que sólo vienen de haber vivido con intensidad, con valor, con fuerza irresoluta. La visión del amor reflejada en estos poemas nos deja ver, por un instante, un panorama que cubre las sutilezas de emociones viejas y nuevas de un niño viejo, a la vez que presenta el amor como algo de pérdidas y gozos en un universo de mares, junglas, ciudades, y estrellas. El encuentro con el amor no está limitado al amor personal y egoísta. Es un encuentro de amantes con la naturaleza, con la mente, con dios, con la muerte. El amar en Ricardo no es sólo su conexión con otros, es más bien la expresión más pura de su propio ser en poesía. El reto al amor es un encuentro consigo mismo, y el resultado su más ganado privilegio.

Recuerdo un oscuro ocaso cuando regresábamos a San Salvador con Ricardo Flores, mi amado padre. Hace tan solo unas horas acababa de ocurrir una masacre del gobierno salvadoreño contra una pacífica manifestación estudiantil. Íbamos mi padre, una muchacha que mi padre transportaba a casa de sus propios padres, y yo, un niño de 11 años en esa edad en la que uno aprende a ser hombre. Llegando a la ciudad capital, mi padre no vio al soldado que le hacía gestos para que parara. Error fatal (por penumbra o distracción, quien sabe). El hecho es que nos pasamos más allá de donde debíamos, y un grupo de soldados nos recibió como una barrera, como la muerte que nos dice siempre que de ahí no pasáremos.

Mi papá detuvo el carro. El soldado que antes fue ignorado ahora volcaría su sed de importancia, su hambre de poder, en ese conductor que lo ignoró. Lo regaño y le gritó. Le dijo que había violado la ley, que por no obedecer a la autoridad ahora podría morir. Mi padre, tranquilo y educado, se disculpó. Explico que no lo había visto, que no fue su intención ofender. Recuerdo al soldado con sus gritos y su sonrisa cruel. Recuerdo otro soldado a mi lado de la camioneta en que viajábamos, con su fusil apuntándome la sien. Otros soldados alrededor en las sombras, caminando cerca y lejos. La muchacha junto a mi, helada y pálida temiendo ultrajes y muerte. Y ese demonio vestido de soldado, viendo su oportunidad, le dijo a mi padre que caminara hacia aquella sombra, más allá de nuestra vista. Todos supimos lo que seguía. Imposible vivir en El Salvador de los años ochenta sin saberlo. Mi padre obedecería, los soldados le quitarían la camisa, los zapatos, el dinero, la dignidad y la vida. La muchacha pagaría con su inocencia y quizás su vida. En mi mente había confusión y miedo, rabia y olor a muerte. No sé bien como pasó que esa secuencia de inevitable destino se interrumpió. Quizás fue cuando oí la voz de mi padre decir "no". O quizás fue cuando vi al soldado mirarlo con incredulidad, preguntándole que qué había dicho, que si estaba loco, que si quería morir. Le dijo el soldado que le daría otra oportunidad de salvarse, de moverse, de ser razonable, de obedecer. Mi papá dijo que no. Y sin importar las amenazas y los golpes que el soldado de daba en el estómago, para que recapacitara, para que fuera normal y entrara en razón, mi padre seguía diciendo ese "no" de firmeza. Otros soldados se acercaron a ver esa cosa rara, ese hombre que sin armas decía "no" a la autoridad, al abuso, al destino prescrito por otros. El terror se evaporó de mi mente al ver eso. Inaudito. La simple palabra de Ricardo desconcertaba a la autoridad, confundía a la muerte, y el soldado palideció. Vi en sus ojos un miedo de antes, un reconocimiento, un entendimiento sin hablar que le dijo que era imposible hacer que un hombre de voluntad se doblegara. Se vio pequeño y asustado. Le dijo a mi papá que se fuera, que no lo volviera a hacer, que era su día de suerte. Mi padre se subió a la cabina y manejó, sobándose el estómago y diciéndome en broma que su abuelita pegaba más duro. En mi impresión quedó su mirada calmada y firme, y su "no" que hacía que el mundo se detuviera. El "no" al miedo, a la autoridad, al dogma, a la mentira.

Ese "no" se lo oiría muchas veces, y resuena en toda su vida. Es el "no" del escéptico, del ateo, del que no acepta nada más que el silencio y la verdad. Ese "no" de Ricardo dio pié a su vida. Al enfrentarse a la vida y al mundo--y enfrentarse con una negación al dogma, a la mentira, a la religión, al conformismo, a dios mismo--el universo y la vida le respondieron con su verdad.

Ricardo es un hombre que ha vivido, y en la vida ha encontrado algo. El no dirá nunca qué es lo que ha encontrado. Porque no es de aquí. Por que es nada. Pero es él. Su decidido e inmóvil "no" le trajo frente a frente con la verdad, su verdad, que es su silencio. De su silencio fluye esta poesía que van a conocer. La vida de Ricardo es un reto a la verdad y al amor, y la única respuesta válida de mi padre es vivir su vida.

Su respuesta al reto de la vida es él mismo tal como verdad, como amor. Y estos poemas que generosamente presenta son tan solo retazos de su encuentro con su muerte, y a lo mejor raíces que crecerán en ustedes como crecen y nutren mi mente y mi alma.

Ricardo Isaac Flores

Contenido

Prosa

De La Tarde

He recorrido

He recorrido el sueño de tus manos
soportando el tedio de tu prosa
y el destino de la fragante rosa
desnutriéndose en el frío de tus llanos...

El fuego que abrasó mi aliento
con aquel suspiro y el te quiero lento
encendió una llama que no dejaste ir
encadenando mi pasión que no quiso morir.

Hay palabras que sólo en la poesía tienen un sentido y son hermosas...
Hay lugares que en otoño resplandecen. Otros que desbordan su
belleza en primavera... Romances abrasados de amor en el invierno, y
corazones que abrazan un idilio en el calor del verano...
Cada estación tiene su magia, y cada minuto de la vida su brillo y su
pasión. A pesar del dolor y las adversidades, tienes la opción de elegir
entre el sufrimiento o darle un sentido a tu vida. Te aseguro, que la
opción que te conviene, es la última... Si tu enlace con la vida es la
poesía, si con las cosas, tu pasión, y con la naturaleza, la sabiduría,
habrás escogido ser feliz... Sé feliz!!

Año Viejo de Amor... (La fuga del romance)...

Qué sabes tú de mi vida?
acaso sofocaste en la juventud
mis penas que después ahogaste
en estrecho sendero donde tus huellas
comulgaban mis pasos breves alegrías
qué sabes tú?

Porque metida en la savia de mis venas
nunca supiste que la sangre que corría
era el vino de tu amor que embriagaba
mi pasión y perturbado enloquecía
mi destino.

Cuanto tiempo pasó y yo corría
midiendo los espacios del recuerdo
saturado de tus besos, de tus labios
que endulzaban, que mentían.

La poesía de tu vida era la musa
donde las rosas de ensueños
exploraban tus manos y tu piel
donde cada día renacía para morir
amándote en mis brazos.

Supiste alguna vez que eras la estrella,
la vida, la luz que iluminaba,
el astro de mis sueños
donde giraban las ilusiones y las dudas
donde morían las penas que después
me ahogarían?

Eras tú mi vida,
compendio de mi historia
donde el entorno era un poema,
sonata de un bolero de ensueños
impregnando los aires de fragancia,
de colores y sutil melodía, era una fiesta
y no te diste cuenta... porque tú te ibas,
porque yo moría...

Todo igual...

La nave de los sueños navegando
en el mar de tu negra cabellera,
perdiéndose en el valle de tu cuello
naufragó ahogando tus anhelos
en la profunda oscuridad de tu destino.

Tu destino era el mismo
de los días que se fueron
de los que dejaron huellas
escarbando sombras de sozobra
en el escabroso suelo de tu ensueño.

Despertar sería tu añoranza
¿porqué soñar destinos que te anulan
paraísos encantados que te engañan?
el olvido llegará como reflujo de los mares
como realidad de la mañana y su esperanza...

Noche triste...

Esa noche callé
porque no quise animar tus sueños
y sofocar mis dudas en la sombra
de tus ojos negros y tu mirada triste.

El camino de mi suerte
que anuló la fragancia del te quiero
fue tu silencio que enmudeció tu voz
y arropó de miedo la desnudez de tus manos.

Era serena la noche...
un firmamento de oscuros luceros
que brillando como estrellas lejanas
como tu amor se alejaban distantes.

Era la última noche
de las piezas unidas de historias,
restauradas de vanos recuerdos
sombríos, helados como miedo de muerte.

Esa fue la última noche,
dejé que te fueras abriendo destinos
quedándome solo empañando las dudas
comiéndome el alma con pan del silencio.

Era navidad, amarga como el dolor...
danzan alegres los astros del cielo
miseria en la tierra con disfraz de alegría
noche buena de tristeza, hipocresía, algarabía,
sin consuelo el mundo será igual,
¡Feliz año nuevo!!...

Un amigo...

(A Raúl Dary y a todos los revolucionarios del mundo)

Cuando mi amigo Raúl se fue
sólo llevó el sudor en su mochila,
en su diario mil recuerdos de su lucha,
en la mente su poesía clandestina gris
y la tristeza de sus sueños en la sangre.
En el flujo de sus venas
llevaba la canción de la montaña
de la parra, de yupanki, de la negra
la criolla de las pampas argentinas,
los recuerdos de gracias a la vida
de alfonsina y el mar y el son de la criollita.

En su pecho como santo
la impecable y digna imagen del che
como carta de presentación de luchas,
de plegarias clandestinas a la vida, al dolor
a sus sueños, frustraciones de su gloria, de su fe.

Nunca pude decirte hasta siempre,
compañero, amigo del alma, de la vida,
un adiós silencioso como la noche solitaria ,
una visa hacia páramos desafiantes del destino
fue un adiós sereno, hasta nunca... un adiós de muerte.

Es diciembre...

Un año más, mustio, que agoniza
que debilita su historia tristemente
en una navidad que no armoniza
que derrite sus engaños fugazmente.

Mientras los niños se alegran con sus risas,
cadáveres de historias repetidas resucitan
las calles, bendecidas de frescura y de brisas.
Un falso destino que rezan, lloran y meditan,

las risas fugaces que engaño desvanecen,
hay fulgor y luces cuando la noche canta
cuando astros y estrellas resplandecen
la brisa fresca que ennoblece y se encanta,

es diciembre nocturno y matutino
es mosaico de colores y derroches
una réplica plasmada del destino,
un año más que no cambia sus broches.

Hay amantes que se besan, son felices
hay niños que juegan, ríen y retozan,
inocentes en mentiras se deslizan,
los amantes el placer y el amor, gozan...

Credo a Neruda...

Tu credo es implacable cuando cantas
cantas a Neruda y veinte poemas
de amor, al estrellado firmamento
y una canción desesperada...

ya junto a ti el dolor no se endulza
aunque tu credo implacable cante
canta al cielo estrellado de la noche
y se olvida del rosario de los dioses

hay un poema de amor, implacable
que no es la nostalgia de tu credo
que no se embriaga en la verguenza
de tus prosas embargadas de miedo

cuando "el verso cae al alma
como al pasto el rocio" y tu voz
ya no duele y el dolor no lastima
hay una canción que nace aquí...
en mi pecho de bohemio soñador.

Mi bendición...

Cada día pienso en ella
aunque la tenga tan cerca
aunque cada noche mis sueños
ya no la busquen y la besen

aunque sombrío el pensamiento
acaricie triste su pasado
pienso en ella cuando su figura
quiebra ese paso del viento

pienso en ella cuando camina
en el espacio limpio que reclama
la caricia suave de sus pasos
como una bendición de la vida

cuando triste a mi lado la ignoro,
callada mueve los hilos del tiempo
y mudas sus palabras rompen el silencio,
la mente se aquieta y llora el corazón,
es hermoso el llanto cuando es del alma...

Canción del cisne...

Hoy la brisa me dijo cosas
que sólo el alma entiende
cuando trajo en su vaivén
la queja de una canción,
la única canción del cisne
la que canta al despedirse
cuando suspira, canta al morir.
Es la canción más triste
que sólo el alma entiende
es como noche de lluvias
como un cielo sin estrellas,
tierno como los ojos de un niño
el cisne sólo canta cuendo muere
como el tango amargo en su dolor.

Hoy la brisa me dijo cosas
que sólo el alma entiende
me dijo el secreto del cisne,
que el cisne nunca canta,
sólo canta cuando muere,
su melodía es tan tierna y sutil
es rosa de mayo es lluvia de abril.

Día gris
tristeza del alma
piel sin la caricia
labios que no besan
corazón que no palpita
la muerte del cisne canta
un secreto revelado por la brisa
la brisa no refresca no hay azul de cielo
ha muerto la canción, el cisne ya no canta.

Iremos a votar?

Ya que iremos a votar
¿por quién lo haremos?
será que nadie va a robar
¿cómo lo sabremos?

Quién será aquel que no engañe
o quien aquel que menos robará
será que no hay codicia que enmarañe
ni en corrupción alguna caerá?
Sabemos quizás porqué votar?
por miedo, obediencia o patriotismo
pensamos que algo tiene que cambiar
o será acaso, mi temor al comunismo?

La cultura del borrego se impondrá
arreados en la fila iremos a votar
aprobando un sistema que nada cambiará
eligiendo secuaces que nos van a a robar.

Obedientes, convencidos sutilmente
nos engañan con promesas y temores
la esperanza crece inútilmente
y al final sólo nos premian con dolores.

Ojala cambiar pudiéramos
en contexto ese verbo de votar
aplicarlo en forma que supiéramos
y en libertad debiéramos botar.

Así ya no se iría a las urnas a votar
se suplanta la v por b para variar
el voto de basura que iremos a botar
por diputados que nada van a cambiar...

Reflexionando un poco sobre la pregunta: "Si después de morir, en esta vida, tuvieses la opción de escoger entre volver a nacer o no nacer ¿Qué elegirías?... Es obvio que la vida no es pareja, ni en cualidades, ni talentos ni designios ni oportunidades. No elegimos nacer en Europa o América, Asia o África, nacemos como una determinación del azar. Pero es mucho menos parejo el vivir; no es lo mismo ser rico que ser pobre, culto que ignorante, sabio que necio, sano que enfermo, desgraciado o feliz. No obstante, todos pasamos vicisitudes, dolor, penas, desencanto y sufrimiento, y muchas veces añoramos una vida diferente; pero también sentimos cariño, alegrías, placer, sueños, ilusiones, júbilo, y también amamos. La balanza que determina lo positivo de lo negativo del vivir muchas veces lo decide uno mismo, pero otras veces somos influenciados, conformados por las decisiones o determinaciones de otros que rigen nuestro destino. Pero volviendo a mi pregunta original ¿Qué elegirías? Si optas por volver a nacer de nuevo es porque la balanza en tu vida se inclinó en el lado positivo y no por otra razón; pero cuidado, después de haber muerto, esta vida que has dejado, sería tu pasado ¿No estás eligiendo volver al pasado? Te lo dejo allí. Reflexiona!!... En cambio, si decides no volver, sería porque para ti, en esta vida la balanza se inclinó por el lado negativo y no quieres volver a la incertidumbre de penas y alegrías, de placeres y dolores, a los azares que deparará la nueva vida. Sin embargo, también la opción de optar por no volver sería porque esta vida ha sido plena, de conocimiento e ignorancia, de placer y dolor, de experiencias plenas, de amor y sufrimiento. Se ha vivido a plenitud! Qué más se puede desear cuando ya no se vive del pasado! Porque querer volver es añorar el pasado! Lo siento, mi opción sería no volver!!... Cuál sería la tuya?

Gitana...

Sabes tú quien soy?
el que ya no te busca,
el que anheló la gitana de ensueños
y encontró en los besos de otras bocas
lo que no pudo tener de tus labios.

Preguntaba a todos los caminos:
¿Dónde está la gitana de mis sueños?
Los caminos se estrechaban sellando
los destinos de tanto caminar.

De alboradas y noches de desvelo
bogando mares y rompiendo senderos
buscando a la gitana de los sueños
como queriendo descubrir el final del ocaso.

Espejismo de mares, de aventuras y velos
era tu verdad desesperada.
No existías gitana.
El miedo, el dolor y el desencanto
inventaron las brisas de tu pelo y de tu piel.

Ya no te busco, gitana!
He sellado todos los caminos,
el destino clausuró su aventura
en mi rincón donde he quedado solo,
cerré con llave la puerta
y la llave ha quedado afuera...

De quién es la flor?

Un viajero marinero de amores
resistiendo naufragios en esteros y mares
recorriendo bocanas y arenas de sal
llegó aquella noche en un viento del sur!
aquel era un puerto de pasiones y sueños.

El fue quien que sembró la flor con amor,
esperó que la tierra abriera sus faunas,
la vio nacer, emerger como capullo
y se fue... y con él sus esperanzas
de volver y cosechar la flor.

Yo soy el jardinero que esperó,
paciente la regó, la cuidó, la abonó
la vio crecer y contra vientos y mareas
cosechó la flor...
disfrutando su fragancia y su color...

Aquel marinero
errado de cuitas y mares
volvió por la flor!
¿De cuál de los dos es la flor?
Del marinero que con amor la sembró
o de aquel jardinero que cuidó su jardín
y también con amor, cosechó la flor?

Magia de niño...

La calles parecían ahogadas de fe
de gritos procesando esperanzas
en la blasfemia del engaño al indio
confesando los pecados que dios le puso.
Era niño el indio y era feliz!

Era la primavera de aquellas tardes
socorridas de brisas y lluvias de julio,
eran coros hermosos en su alabanza
a la tierra y a las vendimias tempranas.
La tierra paría ríos de esperanza!

Lujo de niños jugando sus risas,
suelos abstractos de capirucho
de la doña Ana y el celofán,
dulce añoranza de fantasías
Júbilo hermoso, magia de niño!

Saben a fruta las añoranzas
la vida entera se queda ahí
la dulce infancia, pequeñas cosas
¿habrá un regreso sin ya volver?
el placer y dolor nuestro refugio,
cosechemos sus frutos...

El poeta lloró...

viajero de impreciso destino
sembrando semilla sin esperar fruto
reclamada por la sed orgánica de piel

el poeta lloró, ya no dio fruto su semilla
la fragancia de la flor ya no perfumó su verso
cuando el crepúsculo renunció a sus colores
había anunciado el cielo el ocaso de su prosa

simiente de estaciones frías que congelaban
el calor de manos que sembraban melancolía
y veranos ...

El poeta lloró!

El poeta lloró cuando sembró semilla
y tus manos se negaron a cosechar su fruto,
esperó primaveras y le entregaste veranos
abonó el vientre de tus sueños
hasta que la nostalgia parió dudas en sus páginas
escritas con tinta negra del dolor...

La primavera se negó a refrescar
el idilio de la prosa con el verbo amar
y las frases eran como viento que vaga
sin encontrar destino donde reposar ternura,
el otoño se negó a pintar las hojas
con el pincel de la luna y la acuarela del cielo.

El cielo le niega sus colores al ocaso,
la fragancia de la flor pierde su encanto,
el clarinero seca las mieles de su canto
y la nube oscurece la flora de la tierra
con la amenaza del rayo y la tristeza.
Y tú le niegas la página de sueños
a mi pluma.

Desiertos inclementes desnudos
de huellas, de lágrimas y muerte
van sembrando versos de dolor
y la esperanza desfallece inmigrante
de noches en el miedo de las tumbas
inclementes del fuego del destierro.
Y tú renuncias a escuchar el último
suspiro de mi prosa.

Azul el espejo de tu pluma, poeta,
de los insomnios de pan,
testigo de los besos sin entrega,
de llamas sumisas al flagelo de los cuerpos,
de caricias que inspiran lluvias de ternura,
cuerpos de muchos inviernos sin entrega,
primaveras de rosas sumisas al rocío del amor

Tenía que ser así, poeta de las luces
del desvelo de las noches,
de la hiel y de la miel,
el principio es el final, siempre es así,
se ha roto el tintero y la tinta se derrama,
tu pluma se ha secado ¡qué tristeza, poeta!

El cielo oscureció sus celajes y el ocaso
renunció a su magia de colores.
El poeta lloró...

Lo importante es estar con el mundo, con la gente, entender el nivel de cada quien, en el sentido espiritual, físico, emocional, ser el mundo, entender lo que somos, y si buscamos algo ya sea por acumulación material o de conocimientos o crecer espiritualmente, darnos cuenta porqué lo hacemos. Es decir darnos cuenta de esa energía, que es la energía de la búsqueda, del deseo, de la codicia ya sea esta material o espiritual, pero codicia al fin, siempre más de esto y más de aquello, sin haber comprendido que antes es necesaria la energía para darnos cuenta de lo que realmente somos y que al final lo que buscamos es desprendernos de eso que somos, de la realidad, de lo que es; al fin y al cabo, la búsqueda es eso, huir de lo que es a lo que debería ser. Soy violento y persigo la no violencia, soy codicioso, vanidoso, temeroso y busco desprenderme de todo eso, o a raíz de mi creencia quiero lograr un mundo diferente, un cielo, otro mundo, un paraíso, el despertar, la iluminación, reencarnar o resucitar a un nivel superior. Sin haber comprendido que yo mismo soy esas cosas de las quiero huir, y por más que busque subterfugios, eso soy y simplemente no puedo huir de lo que soy. Puedo agregar ciertas otras cualidades a esto que soy, mejorando o empeorando, pero siempre dentro de los parámetros de lo que ya soy, nunca desprendiéndome de lo que, inherentemente, ya soy, y donde creo que deben enfocarse nuestras energías para funcionar adecuadamente en esta vida de contrariedades, de dolor, de sufrimiento; pero también de alegrías, de júbilo y de amor.

Madre...

Tus ojos desnutridos de color
se fueron cerrando en el iris
gris de la nostalgia como esa nube
que despide sus lluvias
en el horizonte oscuro de montañas.

Tu último suspiro selló su vuelo,
se ha cerrado despidiendo al tiempo
asfaltado de muecas del destino,
implacable de llanto en el dolor,
oprimido, pródigo de ternura y de luz
cuando los párpados han sellado su velo.

Tus ojos secos de rocío,
de mares que sus puertos alejaron
en lágrimas que naufraga sus playas,
de galaxias que alejan sus estrellas
y los cielos que se esconden y no brillan.

El telón se ha cerrado, madre
los actores de tu obra cubren su trama
con tristeza, con dolor y miedo,
tu papel cerró su velo y la vida entrelaza
su pasión en idilio con la muerte...

A veces...

A veces te finjo diferente
como el otro filo de la espada
o el otro lado de la esfera
sin herir sin rodar
creyendo que la flor
no representa la espina
y que las huellas como el tatuaje de piel
no se pueden borrar.
Así te finjo como amor que se queda,
como sombra del pasado,
como luz que sin la oscuridad
no encontró su camino...

Un ser humano honesto tiene compromiso con la verdad, es sensible a la justicia y su estandarte es ser libre. Sus acciones son potables, y cuando se equivoca aprende de sus errores y los invierte capitalizando experiencias. Es humilde y está lejos de ser presuntuoso o vanidoso. Puede ser instruido o ignorante, pobre o rico y no toma ventaja atropellando a su prójimo, en ningún caso, sobre todo si este sufre de desventaja cultural, económica, física o de cualquier índole social o histórico. No es sobornable y no vende la convicción que ha ganado a través de lo que considera verdadero.

Renuncia a creer en lo que considera falso y su compromiso con la verdad no le permite confiar ni creer en todo lo que no es sensible a las pruebas. No tiene compromiso con ninguna idea, concepto o creencia que sea responsable de impedir el derecho de la mente a ser abierta y a pensar libremente.

Honestidad significa libertad. Un ser humano honesto ha renunciado a ser esclavo...

Poeta...

Concédeme una pausa, poeta
cuando declares inconcluso
el idilio del desvelo y el sueño.

Poeta altivo de letras y vientos,
bravío en denuncias del hambre
del hombre, del amor y el pan.
Respira tu fuero, degústalo cruel
en frases y versos que desgarran
vinos de angustia teñidos de noches.

Respira tus mieles de prosa, poeta
descubre tu pecho, desnuda su sangre,
ahógala en mares de ocasos lejanos.

Muere para ti, poeta en mis sueños,
en tus delirios reposa el néctar su musa,
deja que la poesía destroce tu orgullo.

Otra vez el olvido... otra vez morir,
para nacer de nuevo, poeta de mieles
de hieles y sombras, respira tu muerte.

Tu secreto...

No me dices tu secreto?
dejas que duerma su silencio
en su celda de verbos y adjetivos,
de palabras que el corazón reprime
y mis dudas disfrazan su dulzura de piel.

Dime si hay un puerto
que esconde secretos
que descanse de sus brisas de sal
y de las lunas que no reflejan la pasión
en los espejos de crepúsculos de sol
y de la sed de marineros enamorados del mar.

Que las olas me lo digan,
¿acaso no besaron tus huellas
cuando la arena acariciaba tus pasos
y la fiebre de tu cuerpo le confiaba tu secreto?

Deja que escape este tormento
deja que respire mi último delirio
que sea el reflujo de la próxima marea
que cante con mi sueño en tus desdenes
y que en lo profundo de sus lágrimas azules
sepulte tu secreto arropado en mis dudas…

Regresión...

Aun espera!
No te acerques, te lo ruego
deja reinventar mi romance
y que una nueva poesía florezca,
no me aceptes de nuevo
no serviría refluir sola tu marea.

Respirarte otra vez sería abrasar
las noches con mis abrazos de insomnia,
sería confiar en las huellas del ocaso
en su destino de colores y nostalgia
y su mustio desengaño que libera su adiós
en la profundidad de la noche y las estrellas.

El destino nunca viaja seguro,
es insondable su camino y su desenlace
de rosas y de espinas se traga fragancias,
endulza y envenena corazones, reprime
y libera el amor, te da la vida y te la quita...
Comprendes ahora, amor,
porqué te lo pido?

Sabes que aún la primavera florece,
el verano alumbra ilusiones de sol,
la nieve del invierno la nostalgia refresca
y en tu vida y la mía el otoño desprendió
sus hojas en una regresión del olvido.
El destino nunca marcha seguro,
no confíes en él... aun espera.

¿Cómo puedo inventar un dios?

Siento que crece
mi tristeza
y el dolor de la gente
se me pega,
su locura
del desvío del amor
me quema.
Respiro la queja del hambre,
la mentira de la fe me agobia,
el mundo miente al inventar la fe.

¿Se puede inventar un dios?
Yo quisiera inventar uno…
¿Cómo se hace?
Dime tú niño ¿sabes inventar el tuyo?
te lo han impuesto?
Porqué el hombre inventa dioses?
lo inventó en Grecia, en Egipto, en Roma,
Israel ha inventado el suyo,
el profeta musulmán hizo lo mismo
y la India ha inventado sus mil dioses...

Si alguien sabe, por favor, no me lo niegue,
yo quiero inventar un dios que acabe
con la guerra, que elimine la pobreza,
que erradique la explotación del hombre
por el hombre, que siembre la semilla del amor
y regale un alma a cada corazón, que no permita
el abuso ni maltrato a la mujer y al niño
ni la depredación de nuestra fauna y flora.

Un dios que destierre la miseria de la gente
que acabe con la corrupción, con los políticos,
las religiones y el nacionalismo, que desalambre
fronteras y elimine la desigualdad y la exclusión,
que destierre el dolor y el sufrimiento.
Quisiera inventar un dios de amor y no de miedo.

Dime niño cómo hago para inventar un dios?
un dios que sepa del amor y sea compasivo.

A tus padres no pregunto, ellos no saben,
son adultos y los adultos como yo sólo saben
de codicia, de violencia, de miedo y de dolor...
¡Necesito tanto inventar un dios!!

*Pienso que no hay contradicción al afirmar que el pensamiento
es finito y que todo el universo también lo es. ¿De dónde nace la
idea de que todo procede de un infinito? Allí entraríamos en un
argumento sumamente controversial porque ¿cómo el cerebro, siendo
finito, puede optar o accesar a un espacio, tiempo y dimensiones no
finitas? Definitivamente, no puede. El único recurso que le queda
al pensamiento, ante la imposibilidad de acercarse al infinito, es
imaginarlo. Y es así como inventa dioses, paraísos, deidades, tiempos
y espacios infinitos de algo que podría ser un placebo o aliciente en
la búsqueda de un recurso para huir o evadir el miedo a la muerte o
al infierno, de huir o aliviar el sufrimiento; pretendiendo, así mismo,
evitar enfrentarse a la realidad (muchas veces la dura realidad) de lo
único que tenemos: ESTA VIDA... Al aceptar que la mente sí, es finita,
y por ende limitada, sería legítimo pensar ¿cómo el pensamiento podría
siquiera imaginarse algo que, que está fuera de su entorno, algo que
desconoce totalmente?... Su único recurso es INVENTARLO!!*

Desde mi ventana...

Desde mi ventana recorre mi retina
esa magia de luz que venera el jardín,
mi patria de pausa y voces de vuelos
de néctar y miel, de zenzontle y flor.

La brisa refresca su brillo con la danza
de las hojas verdes de la esperanza y el fruto.

El aroma del tiempo atraviesa mi ventana
bajo un cielo azul y nubes blancas que armonizan
la plegaria del amor en la cópula del sol y la simiente
de la tierra que fecunda su duda en la armonía
de la fauna y flora en codicia humana depredadas.

La rosa vanidosa custodia su colores,
elegante en sus pétalos de miel con espinas
arrogantes de su piel que desnuda la sangre
de las manos que cultivan su fragancia.

Y el cielo oscurece su brindis con el rayo.

El lirio azul humedece la fuente que lo nutre,
se despierta cada mañana nutriendo su riachuelo
de mar de nube que lo baña y lo bendice
y el rocío de mis ojos desnudan su ternura
despertando la poesía que atraviesa mi ventana.

Más allá de la fuente, de la hortensia y la begonia
más allá del pájaro y la nube está el misterio
de la vida y de la muerte donde yacen quizás
anuladas todas las preguntas y sus miedos,
y las respuestas al dolor de vivir son reveladas…

Delirio sin ti...

¿Cómo no sembrar una mirada que canta
como semilla que gesta colores de fragancia?
como poesía que promete desnudar delirios
alumbrando la luna con el iris de tus ojos.

¿Cómo el aliento puede cantar su melodía
sin tu piel? y los poros del alma no sudar
las venas que la sangre bendice con tus besos?
No hay otoños que renuncien a pintar su flora
cuando tu cuerpo refresca su brisa de amor.

La vida es bella porque no es permanente,
su belleza está en su muerte y volver de nuevo
es la ausencia del hábito en la magia de vivir,
nacer de nuevo es estar muriendo a tu lado...

Como esa blanca flor que destila su fragancia
que refresca una sola noche en su silencio
y que canta, fresca como mañana en primavera
enmudece los oscuros sueños de la fauna
amaneciendo en las puertas de la muerte...
tú, esa flor y tu mirada ¡qué delirio no tenerte!

Si el miedo a la muerte no te espanta y el dolor de vivir no te agobia, habrás dado un paso más allá del sufrimiento, has aprendido a vivir... Si tuviste todas las respuestas o no hubo ninguna, y ya no tienes preguntas, es cuando se ha dado el milagro de la vida. Entonces es posible que la felicidad sea una realidad.

Amiga...

Amiga que te has quedado,
que has aprendido a esperar,
que has velado el insomnio
de tu recuerdo y tu duda.

Tres años de crudos veranos
que no han violado tu fe,
ni secaron el romance de abril
los aciagos días de invierno.

¿Cuántas estaciones más?
la semilla germinó en otoño
en una tarde de roble y azahares
y la carta que esperas fue desviada
al exilio de olvidos.

Hasta cuando, amiga
cargarás esa cruz?
hasta cuando desgranarás
el rosario de noches y sueños?
y las plegarias serán tu alimento?

Tus lágrimas
han nublado tus ojos
y la visión de tu almohada
va secando lluvias de recuerdos.

La nostalgia es el trigo
que cada noche va nutriendo
la simiente del olvido, y desgrana
su fruto de esperanzas, y son mis manos,
amiga que besan tus penas y quieren
en el desvelo de brumas, abrazar tu dolor...

Miedo...

Clara mañana de impreciso azul
ocioso de nubes replicando nieves,
la mirada se refugia en su silencio
y miro en la rosa su fragancia de brisa.

En la calle puertas que rechinan
como lamento enchapado de heridas,
madera depredada en su virginidad
de bosque en su flora inmaculado.

La fauna de la calle aulla y se pierde
ausente de sonrisas ensimismada
en su cemento de pasos como perros
asustados en el dolor del amo.

Se respira un toque de queda
permanente en su refugio de credo
que amuralla las almas, las asusta
y las convierte en su mentira de miedo.

El sepulcro de los dioses oscuros
sepultados vivos en la historia
se revuelca en el tiempo y el espacio
de una mentira que se resigna a vivir
envenenando de miedo la tumba de las almas.

Poesía azul...

Como sombra de luz y de pan,
que se pierde en el piso lacrado
de simientes descalzas de abrigo,

lacerada de manos, herida de lágrimas
se fue escondiendo dulce tu imagen
de tardes azules despidiendo nostalgias,

la rubia mirada se oscureció
morena cegada de párpados
de una piedad sin reposo infinita
cerrados al vuelo confundido de azul...

adiós poesía retrechera en cadencias
de fragancia irracional, desprendida
y brutal, despiadada como tango de muerte

poesía eclipsada de mares y de sol
sedienta en su sal de mitos y nubes
estrecha te pierdes en cadencia de venus,
serpenteando lágrimas que secan al viento...

tu caricia de miel, como susurro al oído
como canto de panal en romance de abejas,
te vas estirando tristezas como águila en vuelo,
como el azul se pierde en su mar de poesía...

Cilicio...

Anoche la plegaria de tus ansias evité
como una renuncia al ruego de tu piel
porque respirar la asfixia de tus besos
era ahogar mi aliento en luto prematuro.

Has querido pronunciar el credo de tu fe
en el cilicio que denuncian tus manos
y las llagas que laceran tu cuerpo gimen
cuando mis brazos tus heridas arropan.

Las cenizas que quedan, no lastiman,
sólo refrescan el dolor de las púrpuras llagas,
del látigo que mutila el calor de la sangre
que destila pasión en el filtro de tu boca...

Voy de nuevo con mi controversial apreciación, pero pienso que el presente no sería posible, a menos que prescindamos del pensamiento porque el pensamiento es del pasado, todo pensamiento es pasado, aunque nos proyectemos hacia el futuro, siempre lo hacemos desde el pasado. Piensa este momento! Qué piensas?... ¿Acaso lo que piensas, todo, no es del pasado?... "Vivir el aquí y ahora" sólo es un delirio... Tu pensamiento es del pasado, es el pasado ¿Puedes prescindir de él? Puedes anularlo? Aún si así fuere siempre queda un inconsciente que se mueve desde un pasado, una historia que dura hasta morir, y aún la muerte, es vieja...¿Puedes atrapar este momento?... Si puedes hacerlo, has construido el presente... Si puedes tú mismo dejar de girar un instante y que tus células se detengan, si la tierra, los elementos y el universo dejan de moverse, si no hay un sólo movimiento en la vida, dios habrá inventado "el aquí y ahora"... Si quieres responder, hazlo; aunque este mi argumento sea de lo más tonto posible; pero detente un momento y piensa... ¿En qué piensas? En algo que no sea del pasado?... Aahh! pero si tú estás viviendo el "aquí y ahora"!!

Beso robado...

Ya mis manos descubren la rima
del poema que tu cuerpo quiere escribir
y tus manos escriben su estilo de versos
que en el mío respiran otoños
y denuncian inviernos.

Tu prosa desnuda veranos,
los quema en sonetos de fiebre
que abrasan su sangre
cuando el aire lapida tu aliento
enfriando su trópico de letras y rimas.

El misterio desnuda la prosa,
en el tiempo que comulga su espacio
para expandir su trópico de lunas
y su hueco de versos, de bocas y manos
resumen su historia en un solo beso.
Un sólo beso de amor, que fue el primero,
que fue robado...

Cuándo te has ido!

Que triste el momento
cuando el silencio duele
cuando ya tu mirada
no reposa mi prosa
y la luz de tus ojos
ya no alumbra el vacío.

Que triste verte tan lejos
y que tus manos renuncian
a la virtual caricia
de mis letras,
de mi verbo que no niega
exclamar que te extraña,
de mi velo que se niega
a velarse,
de mi vuelo
que no encuentra destino.

Ocaso triste
que oscurece lo bello,
siempre castiga la luz
de todo momento feliz.

Que triste el momento
cuando sé que te alejas
cuando el silencio duele
cuando dice adiós, sin decirlo.

Quédate...

Sé ese adiós que se esfuma de éter
que marchito se pierde en tus manos
que muere de sal y marea que quema
y el reflujo de mar lo disuelva vacío.

No seas gaviota que marca regreso
que deja sus huellas de arena sin alas
que baña sus islas de pastos y fauna
y repudia la ruta del águila cuando rasca
los cielos y baña montañas de cúpula
donde atrapa vientos y nubes, y los devora.

Sé ese adiós que se queda sin vuelta
aunque respire agonías y vomite recuerdos
de las horas que danzan marchitas de penas
aunque no devuelva la flora su ternura y su miel
aunque la cascada del amor se erosione de olvido.
Quédate en tu adiós...
No quiero que vuelvas.

Si piensas que te has encontrado a ti mismo, te engañas; si buscas
iluminación, deliras; si piensas encontrarte con dios, equivocaste
el camino...

Soy padre...

Soy la vida que inició tus pasos
en la fertilidad anónima del vientre
donde la soledad exploraba su silencio
en su réplica de un cúmulo de ayeres.

Soy semilla que respira su fuente
de un origen que reserva misterios
de frutos que nunca confesaron
abiertos su corteza de tiempos.

El hálito que fertiliza el placer
bendice la oración de la cópula
de la simiente del delirio del amor
cuando los cuerpos se acoplan
y desgranan su rosario de besos.

Soy el padre que venera su fruto
que sacude los días de tu historia
impredecible en memorias y sueños
respirando tu dolor, aprendiendo
cómo me enseñas lo que es el amor...

No hay poder consciente más allá del hombre, ni fuerza y poder inconsciente más allá de la naturaleza...

Mi secreto...

Sabes mi secreto?
Es tan sencillo como sonreír
como adivinar tu piel en un beso
como recorrer tu mirada sin verte
como abrazar la sombra de tus pasos.

Se refresca el silencio
sutil como un beso robado,
potable como manantial de roca
derritiendo su fuente de cascadas azules.

Te miro y mi secreto se anula
desvelando su fiebre que delira su vino.
La ebriedad se desboca evocando delirios
en pasiones de sueños que no se cumplieron.

Se abre mi pecho
y el corazón abrasa su llama
de enjambre de ninfas y lagos
de venas abiertas de flores y faunas.

Abriendo sus puertas se refresca el alma.
Hay un cielo que enmudece sus astros.
El romance dio paso al amor,
ese es mi secreto...

Hoy mi dolor...

Hoy no siento descarriado el dolor
ni mis intentos de olvido imposibles,
hoy es posible descubrir el veredicto
justo en una sentencia de amor.

Pero la justicia se enluta
y los jueces venden su promesa
jurando unánimemente veredictos
con juicios que han traicionado al amor.

La promesa es mediática, es dolor,
con los dados del juego resuelve
que la pasión de besos y caricias
sin su calor de fuego, sin la sangre
el corazón ha descarriado el amor.

La sentencia es breve
como ácido que ciega la luz
como golpe mortal de cadalso,
holocausto cercenado de huesos.
Hoy no siento descarriado el dolor...

Ay amor!...

Ay amor!
No despojes las espinas.
Deja que la sangre fluya,
deja que escriba su historia
por mi frente y que cada poro
se selle con su estigma,
el estigma de la corona
adornada de espinas.

Deja que la sangre fluya
que llegue hasta el fondo,
hasta el silencio de de mis ojos
porque están ciegos de amor,
que mis labios sellen su fuego
donde me quema el pecado de amarte.

Ay amor!
Que mi rostro se abrase
con el calor de tus manos.
Deja que los ríos de la dermis
de tu piel embriaguen mi cuerpo
y que el dolor se suavice en tus besos.

No despojes las espinas.
Deja que la sangre fluya
y la inocencia del pecado
calme su simiente de dolor,
lave las pasiones del amor
en el abismo de la duda del olvido...

Ay amor!!...

Mi delirio...

Contexto de los días preñados
del azufre magro de serpiente,
idolatría de fe que cultiva la gente
enlutada en desiertos turbados.

Como si el dolor endulzara las penas
y de besos calmara la pasión su herida
¿arrastraría el luto el vacío en la huida?
como el alma denuncia su sangre en las venas.

Tu cansancio enmudece letargos
y el miedo estremece su espanto,
la noche se tuerce torturando su manto
denunciando heridas de trances amargos.

Me niego a despertar en mi morada de invierno
en mi delirio los demonios bendicen los cielos
como si el dolor supiera descubrir los velos
en mi paseo con ángeles que queman su infierno...

Llegaste y no pude callar...

Esta tarde no pude callar
las ansias del mudo silencio
así como el cielo tampoco
renuncia a sus noches de luz
y embellece sus astros.

Esta tarde te esperé desnudo
en palabras, hambriento de besos
con la sangre cocinando su fuego,
arrullando su vino prematuro de sed.

Destilando su pan la simiente
se quema, se cuece, se funde
y no hay misterio en las almas
que mudan su piel y la beben.

Hay marea de sal en la piel
y tus manos se beben su savia
se enmudece la luz de tus ojos
y tus labios no gritan, se queman,
se cuecen, se funden.

Tu mirada se esconde distante,
se pierde en delirios de fuga
en trances de ocasos de ausencia,
de mares y puertos, de lejanos sueños.

Cuando el limo es simiente de pan
cuando las copas son besos de vino
y la sangría consagra la vid en su fruto,
la cúpula final fermenta su pecado
y lo absuelve...
Llegaste y no pude callar,
el cielo tampoco...

A los que se han ido...

El hito del norte te aventura al vuelo
desierto inclemente y muros de oprobio,
cruzando los mares tu herida se alarga
pueblo desgarrado devoto de sangre.

Tus hijos se van enfermos de sueños
ansiosos de exilio en la patria grande,
sedientos de fugas y olvido de ausencia
de la patria chica que muerde sus penas
que se queda, que muele dolor y tristezas
y cifra esperanzas...

*Pensar que vivir en el "aquí y ahora" es emanciparse del pasado es un
error, porque siempre estamos sirviéndonos del ayer, de las cosas del
ayer o recordando datos, fechas, triunfos, fracasos. Recurrimos muchas
veces al pasado emulando aciertos o aprendiendo de los errores y
fracasos para acertar eficientemente un hecho del presente y remontar
con energìa el impulso hacia nuestras metas y objetivos, es decir hacia
el futuro. No es posible desprenderse del pasado, somos ese pasado
que pretendemos descartar. Recordemos que todo presente y futuro se
incuba y trasciende del pasado; si no, veamos que todo lo que nuestros
sentidos perciben es del del pasado ¡Todo!... Absolutamente todo! Las
cosas, el universo, la naturaleza, el pensamiento que es memoria,
todo es del pasado. Pienso que lo mejor es ser integral y considerar el
tiempo o sea pasado, presente y futuro como una unidad, como un
todo indisoluble e indivisible porque son tres cualidades del tiempo que
igual que la piel llevaremos hasta morir. O sea un ayer, hoy y mañana
integrados a lo que bien pueden llamarle, si les apetece, un "aquí y
ahora" que aunque no fluye, es un movimiento eterno...*

Momento breve...

Hoy me siento limitado
en tu cuerpo que exploro
que me sumerge tibio
en el frío de tus poros.

Hoy bebo de ti
la simiente que me bebe
que se queda muda
en el enjambre de tus besos.

Hoy siento que la tristeza
cobra cuerpo de olvido
y las palabras respiran
su silencio...

Todo niño nace con una mente abierta e inmaculadamente pura, vulnerable a todo género de influencias, ya sean estas positivas o negativas. Es allí donde empieza la bendición o maldición de la educación. Esta educación cuando es factual, ajustándose a los hechos, refiriéndose a las leyes naturales y su compromiso con un pensamiento y sentimiento que se identifique con la ciencia, el arte, el amor y la compasión, ajustándose a la realidad de las cosas, como realmente son; sin duda esta sería una bendición inapelable. En caso contrario, si esta educación reside en ideas y conceptos, en creencias que nunca pueden ser probadas, como en el caso de las religiones, de un creador universal, de mitos y de dioses que castigan o premian con el cielo o el infierno, según sea nuestra obediencia, comportamiento o sometimiento a sus mandamientos y "leyes" sembrándole las raíces del miedo y sus consecuencias; no puedo menos que decir que este tipo de educación es equivocada y a todas luces dañina y destructiva para la mente de un niño que cuando quiera despertar (si es que quiere algún día) zafarse de sus cadenas que le aprisionan, necesitará de una elevada dosis de sabiduría e inteligencia verdadera para poderlo lograr. Esto puede suceder en un instante, un chispazo, o puede ser tarea de toda una vida. Pero, una cosa sí puedo asegurar, que lograr esta liberación es el más eminente reencuentro con uno mismo y la realización más grande de todas las realizaciones. Esto es vivir! -) ...

Muerte anunciada...

Su canción lapidaria surca vientos,
abriendo caminos de muerte
desnuda el luto de las almas
en su réplica de bronce.

Las huellas de María
recorren el calvario de su tumba
no hubo misas ni responsos vanos
ni siquiera falsas lágrimas hubieron.

María se despide sin recuerdos
el olvido conquista su destino
libre de reservas, libre de llantos
sin plañideras, libre de luto.

Hay un recuerdo nomás
lapidario, insensible y cruel,
sus pies de masa contagiada
del placer descalzo de lejanas alegrías.

En la memoria gris de mis recuerdos
no podría olvidar la pereza de sus pasos
de la abnegada reverencia a la indolencia
indignación a la prisa de los hechos y palabras.

Analfabeta de negaciones y de letras
el amar era un plato sin aromas ni sabor
nunca rehusó entregarse sin el deseo de amar
no conoció el amor... su abnegación fue sólo vivir.

A ti, mujer...

Eres hermosa cuando callas
porque tus labios meditan
emociones que dulces palpitan
con la palabra perfecta que tallas.

Eres hermosa cuando rezas
cuando tus ojos se pierden distantes
en horizontes que mudan instantes
en cada cuenta del rosario que besas.

Cuando me miras eres hermosa,
el tiempo se detiene de repente,
el dolor se endulza aquí en mi mente
y la brisa trae fragancia del reino de la rosa.

A ti, mujer porque eres bella
el engendro de la miel te espera,
el verso humilde de mi verbo te venera
en el altar del alma donde siempre eres doncella...

Pesadilla...

Me ha tocado vivir la noche con espantos
como liebre saturada de voces, de aullidos
como nubes oscuras con vientre de huracanes
vomitando tormentas y pariendo desdichas.

Si el viajero cantara una canción
cantaría con garganta desgarrada
de engorrosos saqueos de paciencia
de aeropuertos y aduanas de fantasmas.

Si la ambición cantara su canción
en cada corazón habría música metálica
se anularía el sentimiento de la hipocresía
con ecuanimidad de melodía compartida.

Me ha tocado vivir la noche con espantos
con la intermitente visita de los sueños
sueños de ayer en los escombros de borrasca
de mal parido subconsciente en las tinieblas.

Me recobro al despertar, me identifico
absorbiendo el néctar de una mañana azul
de un cielo reciclando nubes bebiendo agua de mar
respirando realidad que me cubre de ensueños ...

Recuerdos...

Sólo residuos calcinados
inexorables del tiempo,
cenizas de condimento gris
respuesta muda de misterios,
alimento del refugio de la tierra.

No sé si pasó el tiempo
en idilio de vientos y tormentas
o se quedó crucificado de materia,
inexplorado en el barro de los cielos
desnudando la avena de la vida.

Hay rumores que se van
energía que se mueve,
en el silencio de los muertos,
oscuro porvenir de la simiente
del despertar de todas las historias.

Tu recuerdo se afianza
en la historia de las noches,
revive fantasmas de locura
de vino, luz y primaveras
de cópulas de amor, de brisas,
en un soneto de versos sin respuesta.

Emprender el vuelo...

No sé si debo emprender el vuelo
en el limbo dudoso de emociones,
no sé si deba desnudar el velo
desvelando el nudo de ilusiones.

La tormenta en el destierro cruel
puede empañar el alba en sus empeños
dictar lluvias que castiguen los ensueños
en los apegos al desencuentro fiel.

No es posible los bronces repicar
cuando su ecos denuncian ignorancia
cuando las glorias carecen de fragancia
y detiene el corazón su ritmo al palpitar.

Cuando el vuelo denuncia vientos sin rumbo
y las alas son sueltas, extendidas y livianas
no hay ausencias ni renuncias vanas,
es la última aventura conquistando el mundo...

Pienso que todos somos conscientes de nuestra percepción del pasado, de su influencia, de su atemporalidad, de su consecuencia al afirmarse, aquí y ahora, en el pensamiento, proyectándose hacia el sueño del futuro. Lo admitamos o no, el pasado sigue tan presente como el cosmos y la naturaleza misma. Todo el esfuerzo, énfasis y programación por querer configurar un presente aquí y ahora no es mas que el mismo ayer reafirmándose... ¿Cómo se podría describir un presente (cosa que no es posible) sin la influencia del pasado? Como este instante, este día, este mes, este año, este siglo?... Si, de hecho, el pasado ha dejado de existir, el presente y el futuro se han ido con él en una conjugación cuántica donde el tiempo deja de ser, retornando en regresión inapelable al origen neutrónico del misterio de la nada...

Nos equivocamos...

Ni tú ni yo supimos detener
el tiempo de la canción del cisne
cuando canta y se enamora de la muerte,
ni las gaviotas cambiaron su oración de viento,
ni el colibrí cambió su canto por el néctar
de la rosa embriagada de color de primavera.

Ni la lluvia se contaminó de inviernos
ni la tormenta consumió el caudal del río
pero el amor se vistió de tristeza
y el dolor anuló alegrías y placeres,
el rosario de besos son blasfemia
y los sueños migajas de esperanza
donde busca el pensamiento su retiro.

¿Has escuchado cuando ríe el corazón?
Cuando le canta jubiloso al viento
y el duelo de campanas no es pesar
y la oración no es ruego ni plegaria
y los encantos de tu piel saben plagiar
el júbilo del alma?

No equivocamos, eso fue todo
no supimos bautizar el fuego
que ardía de elementos en reposo
pero rugía como la fiera en celo,
del huracán derretido de mareas
arrasando la última cuota del amor
que coronó tus sentimientos,
que sepultó los míos...

Renuncia...

Se despide de ti el iniciado
eterno bohemio de trasnoches
de suspiros que duermen en la miel
el siempre viejo océano de culpas.

Te miro y respiro tu mirada
y tus ojos se pierden de cansancio
en el miedo y alegría de tertulias,
he quemado tu sombra de recuerdos.

Sabes que la blancura lineal
me hizo cambiar y tiemblo,
respiro todavía el óxido del fuego
del horizonte gris de tu mentira...

Hay de la niña que matizó tu fe
que se negó a sí misma cristalina
que depuró la inocencia al despertar
que me dio la razón y ahogó su aliento.

Me despido convertido en barro
al blasfemar la razón de los diluvios
de las plagas y los míticos castigos
me quedas tú soledad, mi último recurso…

Esta mañana...

Te he sentido limitada
como diezmo de compasión
como música
que sangra el corazón,
como tiempo de guerrilla,
devoción triste sofocada.

He visto como tus manos
se acoplan juntando
besos en el tiempo,
destilando mieles de recuerdos
y tu mirada cabizbaja
no me mira.

Te miro y tus labios balbucean
un adiós triste, ahogado
en un te quiero limitado
como lienzo sin colores
como camino sin huellas
como galaxia sin estrellas...

Ya se va la mañana,
las sombras meditan tu partida
el viento dibuja nubes
que preñan espacios de rocío,
esperanza de la tierra,
lluvia limitada, como fue tu amor,
en la eterna mañana del adiós.

Si no estoy en tu sueño...

Qué hacer con tu sueño
que enmudece la noche
y moja las horas de nostalgia
pariendo mis insomnios
las historias anuladas de silencio?

Qué hacer con el desvelo
que te cuida y te enmudece,
que hilvana los recuerdos
donde muere la inocencia
y presa del temor engendra mitos?

Cuando el alma se queja
lapidada de fortuitas entregas
cuando tu sueño sofoca la mudez,
la vigilia de mi celo enajena gritos
que despiertan la quietud de la noche.

En vano espero que amanezca
¿Qué hacer con tu sueño?
que se quema, que me quema
que se lapida en ideas y zozobra
que se muerde de espantos y palacios,
cuando no vivo si ya no estoy en tu sueño...

Día cualquiera...

Día cualquiera de sólidos muros
de lluvias y musgo rasgados,
limpia mañana bañada de sol,
pájaros celestes que van como nubes
abriendo caminos de viento y destino.

Son espejos los templos
y la mentira celebra verdades
de cáliz y cruces, de hostias y ruegos
de almas que inmolan su sangre
con diezmo y ofrendas.

La mente muele su historia,
recicla esperanzas de tiempo,
ciencia de valores que espera
transformar corazones diezmados
con la verdad abrazada en pañales...

Somos Madre...

Somos madre
cuando bebemos leche
y alimentamos pan
de amor y levadura,
cuando se comulga
en átomos la ternura
de las manos que dan,
que multiplican emoción
y cariño, somos madre.

Cuando se entrega la vida,
hasta la muerte es madre,
cuando el dolor consume
somos madre en el grito
que agoniza al nacer
en el suspiro que renace al morir.

Cuando nacemos,
somos madre muriendo,
creciendo en cada pausa de amor,
en cada idilio de las cosas
en cada suspiro vital,
hay madre para todos
cuando todos somos madre
cuando la placenta de la tierra
es madre...

Qué duele más...

No sé que duele más
si el látigo que emponzoña
o la herida que no sana,
o tu ausencia que me quema,
o tu olvido que calcina,
o si a mi lado eres otra
que me niega y que se entrega
y no soy yo quien te besa
y no te tiene.

No sé que duele más
si dejarte o que me dejes,
si morir por ti,
o sean otros brazos tu refugio,
o quemar huellas de infierno
en el desierto,
o perderte para siempre
en una noche de idilio.

No sé que duele más
si olvidarte o que me olvides
si verte morir en otros brazos
o resignar mi destino
en brazos de otra.
Dime tú qué duele más?

No es abril...

yo que te esperé
la noche sedienta
de mayo
y arden tus ojos de lluvia,
¿y el fuego de tus labios?

te sigo esperando
rompiendo la noche
de milagros y espantos,
¡cuánta miseria al despertar!

cuanto sollozo de lluvia
cuando ya no es abril
y tus ojos se pierden
y muelen ocasos...

y yo que te siento
abriendo mareas
rompiendo las quejas
cerrando tu piel
de miel y traición.

Sandalias tristes...

Tus sandalias rotas
rotas de moler polvo
y tiempo perdido,
tiempo que se agotó
destilando sudor
sudor proletario
de figura tostada,
de máquinas y surco
de mujer cansada
agotada de parir
cosechando frutos
de nostalgia y de cansancio

cansancio de esperar
moliendo vendimias
de alegrías ajenas
en viñas tintas de vino,
de mínimo salario
que traducen penas
en la senda de clamor
del silencio agotador
de tus sandalias tristes...

Primavera...

En su caída murmura...
has escuchado como gime
su sollozo,
como lamento revierte
la pena de la tierra
bañándola de tristeza
y primaveral ternura.
Es la lluvia de abril,
la infancia en su recuerdo,
la adolescencia febril,
sorda y muda de codicias
despidiendo hojas muertas
inventando colores y caricias.

Primavera azul
canto abierto, vientre puro
lluvias grises que gritan su cristal,
pureza de llanto prematuro,
esperanza de vendimias
pariendo vidas y cosechando
muertes.

Llanto celeste
rompiendo el vientre de la tierra
despertando los embriones de la fauna
abriendo poros sedientos de la flora
cautiverio de tormentas que se van
con esperanza, con luto,
placenta de los cielos alimentando
vidas...

Sigo...

Sigo rompiendo el atrio
de los tiempos que parecen cruces
como agujas que penetran
venas de agua y de sal
y así sigo construyendo espantos
con delirios de codicia espiritual.

Sigo...

Sigo anulando dobleces de la duda,
golondrinas que se anulan
que se niegan a emigrar
negándole al verano su fulgor
como aposento de cuna
que no alcanza a ligar simiente.

Sigo temiéndole al olvido
cuando su reposo se anula
y siembra sombras de nostalgia
cuando muero por el último aliento
que la brisa se lleva al sepulcro de los sueños.

Sigo...

Sigo pensando que rompiendo bóvedas
desfiguradas de ancestros resucitan sueños
desmantelando rezos de grises credos
con inciensos contaminados de plegarias...

Un cristo esclavo de una cruz muere
cada día con el hambre que contamina al mundo.

Sigo observando lo que queda de la suerte
encadenada en resultados de engaño
oscureciendo la vida en esperanzas
como semilla árida de simiente
en corazones privados de aséptica verdad....

Cadenas...

Morir en tus cadenas
en claustro silencioso de ternura
la apología febril de una aventura
atrapó la fiebre de mis penas.

Escribiste versos de amor
poesía de tus prosas muertas
con mi verbo de cadenas yertas
y mi sangre añeja de dolor.

Liberarme no es un sueño
no es delirio que alcance la ilusión
es cadena de muerte y mi prisión
es senil por tenerte y ser tu dueño...

Permítaseme enfocar pequeñas diferencias entre el sufrimiento
y el dolor. Aparentemente se conjuga un mismo estado, pero
invariablemente tiene sustanciales diferencias. El dolor tiene su causa
fuera o dentro de nosotros mismos, puede ser una lesión o agresión
que viene desde el exterior o internamente un dolor de muelas o dolor
físico, pero esto no necesariamente, constituye un sufrimiento, es
sencillamente un dolor que inquieta, que molesta, que duele, pero que
no es sufrimiento, no es opcional y siempre es temporal...
El sufrimiento, en cambio, puede venir de fuera, pero se incuba,
se forma y se desarrolla adentro, en nosotros mismos, en nuestro
pensamiento. Una simple palabra, un desdén, un desengaño, una
pérdida, una agresión puede hacernos daño y hacernos sufrir. Es
lo que podríamos llamar un daño al ego. No obstante, este daño,
este sufrimiento, es opcional, y depende de nosotros mismos si lo
erradicamos, si barremos con él, o sencillamente, lo dejamos crecer para
que nos torture toda la vida...

Luzbell...

Formado en un velo de seda y de tul
creado el misterio del bien y el mal
mitológico apuesto, grande, inmortal
fuiste erario del firmamento azul.

Reflejo de la verdad y la luz
el don de la codicia contigo se creó
con tu avaricia el propósito inicial fracasó
la misma fuente del misterio de la rosa y la cruz.

Se argumenta en mitológicos estratos
que la soberbia te inclinó a imitar
sembrando dudas pretendiste emular
prosas hermosas de múltiples relatos...

¿Cuál es la cualidad que define algo hermoso?
Serán los colores, la ausencia o la presencia de colores, la forma o
el fondo que lo determinan? Porqué hay hermosura en una frase,
un poema, una palabra, una canción, un sonido? Será la forma o
simetría la que define un rostro hermoso?... Hay belleza en el arte, en la
literatura, la ciencia, en la naturaleza, en las acciones, pero también no
la hay. También hay fealdad? Hay belleza en el silencio!
¿La cualidad de algo hermoso está derterminado en lo observado o en el
observador?... Es el observador lo observado?

Nunca sabré...

El primer beso fue robado
el segundo un reclamo de tus ansias
como lirio nocturno perfumado,
silencioso, tibio liberó fragancias.

Lapidados de horas nos quedamos
en el insomnio de mi cuerpo sobre el tuyo
sabré alguna vez si nos amamos?
enajenado de pasión me duele lo que intuyo.

Nos entregamos sorprendidos de la luna
nos quisimos con arena y sal del mar,
tu enjambre de caricias fue fortuna
que enajenó mis versos con el verbo amar.

Al despertar la realidad que muerdo
cuando regreso a caminar tus huellas
hay un alivio sutil en tu recuerdo
y un no te olvido que en mi pecho sellas...

Tarde de lluvia...

Has visto la lluvia
cuando cae sorprendiendo
el silencio de la tierra?
Has sentido su tristeza
cuando cae asumiendo
la alegría del trigal?

Si las lágrimas del cielo
saben conmover el alma
el romance del silencio
también sabe saborear
el secreto del olvido.

Es una tarde hermosa
pero triste, callada y serena
hay romance de elementos
y la nube preñada por el rayo
derrama maná sobre la tierra.

El vientre de la tierra se revienta
pariendo brisas reverdece,
su romance viaja con el viento
enajenada del fruto de la vida...

Pequeño mío...

Quiero que sepas mi pequeño
que no seré sombra cuando crezcas
cuando tenga que embriagar mis sueños
y cosechar los frutos que merezcas.

Te has dado cuenta mi niño
que eres la esfera de mi vida
donde gira la luz de tu cariño
envolviendo mi esperanza más sentida.

Tus ojos tristes hablan
no reclaman pero brillan
me han dicho que me aman
perdonando improperios que te humillan.

Has despertado y has crecido
remonta en el horizonte sueños
reclamando a la vida tu fruto merecido,
ya no soy tu sombra, nunca fui tu dueño...

En tu silencio...

Has notado que tu boca duele
que cala en el alma sin sorpresa
con ese dolor que no se expresa
pero cosecha la intención que muele.

Has preferido callar en mi agonía
sin respuesta has enlutado mi oración,
mi plegaria nocturna arrastró su devoción
cuando encerraste en el silencio tu poesía.

Duele tanto la tristeza que derramas
has sellado tu verso y has callado
en tu silencio tus ojos han hablado
tus ojos me lo han dicho, tú ya no me amas.

*El camino de desaprender es el que conduce en regresión inapelable
a los orígenes de nuestra conciencia, de la inocencia, de nuestro yo
primero, el que fue obligado a aceptar devociones de creencia y fe,
renunciando a la luz de la razón, la libertad y la verdad, envenenando
así el pensamiento, ajustándolo, conformándolo, condicionándolo
a la mentira de la religión, sus creencias, sus métodos y miedos.
Aprendiendo cada día cómo ser más vulnerables a la ilusión de lo que
debería ser, a lo que de ninguna manera se ajusta a los hechos ni a lo
que es, a lo que somos, a nuestra vida factual y verdadera; remontando
nuestra reflexión y energía a un supuesto más allá, imaginario, mítico y
falso como el mismo creador del universo...
Es tiempo ya de ser valientes, de tener el coraje de empezar a
desaprender, a barrer con toda la basura que nos conforma,
que nos condiciona, ya sea en materia religiosa, política, social y
económica. Empezar de nuevo a hacer renacer al niño que una vez
palpitó en nosotros; pero que esta vez sea susceptible a la verdad de los
hechos, a la razón y a la sensibilidad del corazón, con mente nueva,
abierta y compasiva...*

Embrujo nocturno...

La noche se quedó en tu pelo
el embrujo nocturno encendió
la llama del amor que trascendió
el camino que cuidé con celo.

La noche se durmió en tu piel
anidando las estrellas de la noche
tiritando su fiesta con derroche
bendiciendo los aires con su miel.

El paseo de la noche refugió su encanto
en la caricia de la piel que vistes
en el misterio de tus ojos tristes
enamorada de la brisa fresca de tu canto.

Celoso el mar se reposó en su espejo
de aquel azul de la estrellas y del cielo
esperando en los puertos su consuelo
borracho de pasiones en su vino añejo.

Tuve celos de los misterios del cielo
de la noche y de la luna llena
declamando gritos con mi pena
celos de no poder desvelar tu velo.

Me he refugiado en el azul del mar
quiero bañar mi sueño en su pasado
cobijar el recuerdo de mi ayer cansado
en su simiente fiel donde podré soñar...

Ayer de noche...

Ayer pasé por tu casa
era de noche y la palmera se azotaba,
era un grito de la raza
como buho nocturnal que se cansaba.

Quise buscar en el secreto de la noche
el negro misterio de tus ojos
embarazar mis sueños sin derroche
con la promesa de tus labios rojos.

Ayer hice la pausa en mi camino
prometiéndome no entrar en tu misterio
para no perturbar tu ruta del destino
renunciando a tu aliento sin remedio.

He regresado cada noche
por la ruta del andén del norte
amarrando mis palabras como un broche
como indefenso condenado en una corte.

La noche pasa y el buho no se cansa
canta su canción con pausa taciturna
la palmera se agita fiel a su alabanza
moliendo su meditación nocturna...

Secreto...

El principio de ese secreto
que da voces se refugia
se esconde en el silencio
extirpando los ruidos
extendiendo oscuras noches
con mantos largos y eternos.

Sepultando los gritos
del placer de la emoción,
de la alegría del triunfo
en la conquista y la indulgencia.

El secreto de las tumbas
está en el reino de los cielos
donde el tiempo crea espacios
ordenando conciencias y destinos
donde la razón se lapida y se destruye.

El destino se inmola solitario
vencido en la esencia de su barro
renovando suelos que se mueren
abonando esqueletos de recuerdos fríos
dando vida y renovando el vientre de la muerte.

El principio del secreto que se inmola
que se lapida en el rosario de la vida
en la conciencia del hombre que envejece
que retorna a todos sus ayeres sin respuesta
a todos los destinos de sus huesos sin mañana...

El retorno de todos los ayeres, de las tumbas
del reino de los muertos que repite su respuesta,
la que indulgente el cielo se ha negado a revelar.
El principio del secreto se durmió en su pregunta...

Cómo me duele...

En su momento sabré decirte
lo que pienso y reiré
sabré decirte lo que siento
y lloraré...
no habrá pausa que distraiga
ni lágrima que emocione

decirte como duele tu amor
cuando alimenta dudas
cuando el placer de amarte
es pasión que muere
en su encuentro al olvido

cuando sepa porqué hicieron
de tus ojos el luto de mis noches
porqué hicieron de mi piel
la miel de tus caricias

porqué tus manos suavizan
la tertulia de mis sueños
cuando pintan los instantes
de fiesta, de locura, de pasiones...
porqué tus labios mienten?

En su momento sabré decirte
cómo duele el amor
cómo duele decir te amo
cuando sabes que te vas
cuando sabes que me engañas
cuando sabes que me muero.

En su momento sabré
de que estás hecha
sabré decirte cómo duele tu amor
cómo duele la ruta de tu olvido...

Tu recuerdo...

Te has dado cuenta?
la fragancia del amor
está en tu piel
cuando suda lágrimas
de sal y de mar.

Cuando tus labios besan
desnudan pasión y magia,
cansancio y fuego
es la esencia del amor.

Hoy te recuerdo
en tu mímica de abrazos
en tu murmullo de besos
en la sonata azul de tus ojos.

Tu recuerdo...

¿Sabes lo que es un condicionamiento?... Es aquello que te ata, que te conforma, es aquello en lo que muchas veces crees. Es el placebo que te priva de la libertad esencial para ver y conocer la verdad con luz propia. Todo condicionamiento es impuesto, heredado, aprendido o adquirido voluntariamente, muchas veces, por el temor, o el deseo de ser o hacer más, lo que puede traducirse en codicia, ya sea esta material o espiritual. Todas las esferas de poder político, económico y social así como todas las religiones, sin excepción, son preparadas y reguladas en términos extensivos e intensivos de condicionamiento humano, donde el origen primordial en que se incuba, es la codicia, la ambición y la avaricia. Y es así como vemos a todos los medios de comunicación, poder político, de entretenimiento, culturales, educativos, deportivos y religiosos, todos, absolutamente todos, con la consigna psicológica de someter, conformar y encadenar el pensamiento del ser humano en los diversos condicionamientos de la creencia, la competencia y la búsqueda de querer transformar lo que es, lo que realmente somos, en lo que debería ser o deberíamos ser, sometiendo, indefectiblemente, a la mente humana en la conformación de la corrupción establecida, privándola de su derecho y vocación de ser libre...

Crisol de febrero...

Fui la vela y tú la luz
fui el crisol y tú la joya
fui la flor y tú el perfume
fui el camino y tú el destino.

Dónde fue que nos perdimos?
y fracasó el color de las hojas del otoño
y la nieve de febrero se derrite como miel
como simiente que en el vientre
no alcanza calor?

Si fuiste luz de mis ojos
y yo el sendero que besaba tus huellas
porqué desviamos el destino de mi verso
y mi rima se quemaba en el crisol tu prosa?

Así acabó aquel amor que fue poesía
que fue simiente en una noche de sueños
que germinó para morir en el ocaso azul
de un camino que triste se negó a su destino...

La fuente...

La fuente, mi vida
es el mismo renacer,
la fuente brota nueva
como esencia del olvido.

La fuente, mi vida
se fecunda en el silencio
y germina clara
como sombra de tus ojos.

Como luz cristalina, mi vida
la fuente se ilumina
se purifica en la seda
de tus manos.

Hay que verte llorar
para no sentir dolor al vivir
para morir naciendo
en la fuente de tus besos...

Simiente triste...

La noche que te fuiste
a sembrar tus semillas
de esperanza
a preparar el suelo donde
mi dolor echó raíces
a cosechar el fruto
de luciérnagas y noches.

Cómo superar las manchas
dibujadas en el cielo,
como habilitar los sueños
que cayeron de las nubes,
Como poder morir
cuando ya no se vive la vida.

Cuando azotábamos espigas con las manos
era vendimia alegre, tu risa como el viento
surco de luna que en tu vientre serpenteaba
el fruto de un amor que se negó a quedarse.

He querido el olvido que las noches me niegan,
hay abrigo de abriles, de viajeros, de puertos
y refugios bañados de mar y nostalgias,
cuando un fruto lejano reclama simiente...

Sin remitente...

Otra carta que me llega
papel blanco perfumado,
un pétalo de rosa disecado,
labios rojos indelebles de coral.

No quiero más...
sinónimos para soñar
son suficiente identidad,
ahórrate las brisas de tu espacio
deja ahogar mi amor en el silencio
y la nostalgia del dolor se queme sola.

Si la atención de una acción, pensamiento o sentimiento cualquiera, o sea, si una percepción de esta naturaleza, nos lleva a cierto grado de reflexión, y esta reflexión a un estado de discernimiento, cualquier cosa que se piense, se planee o se ejecute será la correcta.
No importa si nos conviene o no, si nos benecia o nos perjudica. No importa! Lo importante es descubrir lo que constituye una acción correcta. En todo caso, en estas condiciones, no hay error, nada es incorrecto. Se ha ejecutado una acción que es correcta y apropiada; no obstante sea dañina para unos y de beneficio para otros...
Siempre hay una reversión de las cosas, y nada nos pertenece. No somos dueños de nada. Lo ideal es permanecer siempre atentos. Nunca confiados, manteniendo la duda como nuestro mejor escudo y estandarte...

Desatino de amor...

La presión de mis sueños
era marcar tus deseos
con mares de sal y de luna
saturando tu espalda
con brisas de seda,
evaporando la tarde
crepúsculos azules y lejanos.
Y así te llevé al río
engañando el camino
que no tenía regreso
que hundiría tu piel
en ninfas de coral
de miel y de inocencia.

Era un sueño precoz
que moría en las olas
serpenteado de noches
fugaz en amores y
ardiendo en pasiones,
era noche de luna
llena de vientres y de ríos
olvidando regresos
y pariendo destinos...

De nuevo enero...

Enero se va cristalizado
en el calor de trópicos,
evaporando nieves
de inviernos inclementes,
desnudando planetas
de noches estrelladas,
invitando golondrinas
por millares pululando
copulando brisas y recuerdos.

La cópula de amor
se incuba en el recuerdo
se planea como el perdón,
se determina como el carácter,
como las células que hacen fuego
evaporadas de aguas y vapors,
hay un final en cada cópula de amor...

El final de enero se aproxima
fluye sus días como las lluvias su rocío,
como la conciencia humana
desnuda de conciertos en la fe
reclamando libertades y justicia...
hay una fuente que da vida, clara, cristalina
Un mundo nuevo, vomitando gritos
en su caja de misterios
¡Suspira!

Si vas al río...

Si vas al río...
por la vereda de las ninfas
donde un fortuito amor nació
nublado por un vapor de ensueños.

Pregúntale por el amor
él sabe de sinos y secretos
sabe de mitos y plegarias
conoce de un beso de amor.

Si vas al río...
pregúntale por los mares
que consumen su destino
donde arrastraba cada pétalo
de rosas perfumando su caudal.

Por cada pètalo cada beso
por cada beso un sueño, una ilusión
nunca hubo un adiós que no volviera
ni una ninfa celeste que no besara tus pies.

Pregúntale secretos...
de las citas clandestinas
que las noches sorprendían
invitando los astros a danzar
cuando el ocaso besaba la noche.

Pregúntale cuál es su secreto
pregúntale si el río ama el mar
yo no lo sé, quizás nunca lo sepa
dile que yo lo amé...
como yo te amé a ti...

Amor y olvido...

Plasmados en un nivel de ausencia,
lejanos convergen el amor y el olvido
en un mismo sitio, indefinidos
marcando dudas, pausas y recuerdos.

Tan lejano el olvido
como ausente el amor
el amor marca historias
el olvido las borra, las renace,
se juntan, pero nunca se unen.

Solitarios, cósmicos, indefinidos
el amor y el olvido se mueren juntos
el amor suaviza penas, endulza besos,
y lejano como el ocaso, como la ausencia
el olvido nunca llega a curar las heridas del amor,
el amor se va, y como el crepúsculo el olvido se aleja.

Así fue nuestro amor...
marcado por la tinta de las dudas
como un tatuaje en la piel del olvido
marcado de brisas, fragancias y caricias
indelebles en una historia y recuerdos del ayer.

En el hilo de la vida,
está tan cerca el amor,
toca a tu puerta, le abres y se va
y tan lejano el olvido, lo llamas y no llega
tan ausente como la lejanía, como la estrella
¿porqué se aleja el amor?
porqué se esconde el ovido?

Fue en el mar...

Te conocí en el mar,
en mi recodo de arena
eras la musa de las olas,
serpenteaba tu cuerpo
aquel azul de ensueño en el otoño.

Era la sed tu caricia
que me impulsó
a recorrer tu cuerpo,
a navegar en la inmensa
corriente de tus poros.

Así pude descubrir
en el otoño de tu piel
la primavera de mis sueños,
y las cadenas de mi hastío
se rindieron al descubrir
la pureza de tu aliento...

Muchas veces se gana sin luchar, sin competir, se encuentra sin buscar. Si somos serios en el juego de la vida no importaría perder o ganar, llegar o no llegar, simplemente se juega y en el jugar hay deleite; se emprende el viaje y en el viajar hay gozo. Si aprendiéramos a gozar con el triunfo de otros no habría dolor, no habría competencia, o quizás competir sería importante, si no importa perder o ganar porque el propio dolor de perder sería, también, absorbido por todos los que también han gozado los triunfos... No habría dolor si sólo, sencillamente, pensáramos en los demás como en nosotros mismos... ¿Sería eso posible?

No trates de sujetar al amor

Él siempre se va.
Es libre como el viento.
Nunca se queda.
Pero deja su aroma y su frescura,
y en tu recuerdo te deja una canción,
un instante,
un atardecer,
un beso
y aunque no baste con eso,
te hace de nuevo soñar,
te hace vivir...
Deja que tu mente repose,
le hace falta;
pero que tu corazón nunca duerma
porque se cierran las puertas del alma.
El amor nunca se queda.
Siempre se va,
pero vuelve.
El amor siempre vuelve...

Puedes conformarte, condicionarte, acostumbrarte a un hábito, una rutina, una creencia; estas pueden ser pegajosas, melosas, placenteras, pero al final engañosas y traicioneras... Al fin y al cabo, son cadenas... Tu prisión es la que tú mismo te impones. Tu rutina, tus hábitos y creencias son tus peores cadenas. La libertad no siempre es placentera; pero es honesta y justa, limpia tu casa y abre por siempre las puertas de tu mente. La libertad es opcional, nadie te lleva a ella, nadie ni nada puede liberarte. Sólo tú puedes hacerlo...Sólo tú lo decides.

Luna llena...

Esta noche es luna llena
rodeada de suspiros de miel
que parecen luceros vespertinos
casi nocturnos y celestes.

Hay cierta mueca de tristeza
en estas calles que se alargan
en asfalto y luces que se mudan
respirando la nostalgia de la tarde.

Enmudece el cielo clandestino de luz
y una luna llena que se arropa sola
en un manto de estrellas invertidas
arrulladas de silencio y de misterio.

Déjame preguntarte luna hermosa:
Dónde está mi amor, dónde se ha ido?
Cuántas noches y lunas como tú pasarán,
hasta que vuelva ? Dime cuándo?...

Bohemia...

Éramos tú y yo dos peregrinos emigrados
de una historia sin tiempo y más allá del tiempo
y los espacios, tú eras mi vida, yo era tu sueño,
y tú me querías, yo te amaba a ti como a un niño.

Éramos iguales sin treguas ni consuelo,
sin rumbo ni fe nos abrigábamos de sueños
y de noches para enseñar a la intemperie
como se enamoran los bohemios amantes.

Nuestro recurso eran navidades de bares y poesía,
cuando tú bohemia desnunabas pléyades azules
con tu boca al ritmo de mi guitarra que lloraba
en noches abiertas de nubes de nostalgia y gloria...

Hace veinte años! Mi recurso de recuerdos recorre
cada rincón de besos y desvelos, de lunas y estrellas
en las calles donde tus ojos ya no brillan, se han ido
de la patria abierta que era mía, circuncidada de prejuicios.

Tanto tiempo y las calles ya no son las mismas, sufren,
lloran y cantan y ya sin las rosas de tus manos se ahogan
en las copas sedientas de tu boca, y mis ojos buscan tu brisa
y mis labios no encuentran tus besos de bohemia amante...

El jardín de Celia...

Esta mañana, mariposas pululaban su vuelo
y los sueños recorrían la danza de la brisa,
el perfume de colores celeste, blanco y amarillo
endulzaba el aire de violetas, lirios y gardenias.

Con esa ternura inquieta y dulce de jilgueros
y el despertar de ninfas disputaban en silencio
las rosas su fulgor con renacer de auroras
donde morían todos los anhelos y recuerdos.

El jardín de Celia es una fuente de colores
de fragancias exquisitas que envuelven
su mirada y la mía adornadas de rosas
de orquídeas y aves del paraìso de ensueños.

Recorro la brisa del otoño con mi canto
serpenteando la mirada en el azul de nubes
y azucenas y más colores que se bañan de miradas
con el olor a jazmines en el jardín de Celia...

Celia canta a su jardín y se enamora
con sus manos planta lirios y deshoja margaritas,
un aire fresco de otoño se respira
y yo encontré mis musas en el jardín de Celia...

Manos...

Manos cariñosas que remueven arenas
que matan y bendicen imágenes y sepulcros,
seda en las espinas y cadenas doradas
laborosias de pan y cementerio de cruces.

Manos que lastiman y dan la leche y pan
que construyen el lecho que destruyen
que acarician la simiente y la bendicen
y la elevan hasta verla dar fruto y morir...

Oh, manos tuyas de azucenas doradas
que rescatan de las nieblas profundas
que amasan esperanzas y se lavan de trigo
y endulzan la levadura del agua y el hambre.

Manos piadosas que abrazan y acarician
que dicen adiós y se marchitan temblando,
oh, manos mías que ruegan y aman tus besos,
oh, las manos tuyas que mis besos endulzan...

Campesina...

Hoy me voy de las cañadas
y mis sueños,
amarrando
los vientos que te azotan
que te cambian, que te mudan,
que te alejan de mis huellas,
que marcaron el destino de los dos.

Yo te enseñé a caminar
por el surco que cantaba
cuando besaba la seda de tus pies
y saboreaba la dulce fragancia
del azúcar de la caña convertida
en la semilla que germina y canta...

Ay!, morena mía, retoño del geranio,
la simiente que amarramos al surco
con tus manos y las mías, ha dado fruto
primoroso de miel y caña,
y la flor está en su punto blanco
y amarillo, y sueña...

Así te quiero, pequeña flor de mayo,
a tu lado caminando las veredas
serpenteadas de verde, y los pasos que los dos
besamos al calor de las huellas de plata
y de jazmines, abrazándonos el alma,
¡Nos amamos!

Yo me voy y tú te quedas, señuelo mío,
patria de mis cañas y mls verdes espadas.
Mis flechas abortadas de ramos blancos
y amarillos volverán el próximo setiembre,
y tus manos abiertas de maíz y suelo rojo
abrazarán mi regreso en el otoño...

El embrujo del alma...

De las rosas que más amo de ti, eres tú,
mi vida, porque eres esa cascada
de serpientes doradas que viene bajando
desde el áura de tu cúpula de sueños...

Serpenteando tu cuello hasta tu espalda
y tus hombros que son como abanicos danzando
esa brisa despechada que acaricia los jazmines
de tus senos, tus senos que conocen de mi alma.

Porque eres ese fuego de pupilas que denuncian
el develo de jardines cultivados en los espejos
de mis ojos donde recreas tu mirada embrujándome
de noches taciturnas y paseos de desvelo...

Y esa boca tuya, mi vida, la miel de primavera
donde he surcado tantos anhelos y he cosechado
tantas uvas y cerezas rojas y azules de fuego,
de pan y vino que he bebido hasta embriagar el alma...

Porque de las cosas que amo más de ti, eres tú,
mi vida, porque eres la tiera de esos cerros
briosos, oscuros y arrogantes, tantas veces digitados
y besados, devorados por la vorágine de las ansias
de mis labios donde has enredado las raíces de mi pecho...

Y a ti te amo, mi vida, harina de los cielos porque eres
esa cálida cintura de libélula que inquieta se transforma
con la fiebre de mis manos, y esas caderas que tus pieles
beben de mi fiebre y se queman con el fuego de mi cuerpo...

Mas allá, mi vida, más allá está el delirio, está toda
la razón de mis ensueños, todo el fulgor de la sorpresa
y la magia del amor y el renacer de los embrujos del alma.
Más alla, mi vida, eres tú, mi tierra y mi jardín prometido!

Tu cuerpo es fruta dulce...

Siento que vas bajando conmigo
por los desfiladeros del alma,
ahí donde la llama de tu cuerpo
destila la miel perfumada de tus labios.

Ahí donde el otoño se desgrana
en la corteza de tu piel de lirios
quemándome de lágrimas, en abrazos
de locura, en lluvias de corazones rotos.

Tu corazón y el mío en la ruda corteza
del roble milenario, rey de las nubes,
son guirnaldas entretejidas de miel
que se roban la brisa coqueta del otoño.

Tu mirada entretiene el vuelo diminuto
de gorriones chupándose la miel que quema,
la que nos endulza el alma con el fermento
del sabor al vino de tus besos que devoro...

Y tu cuerpo es fruta dulce de la sierra,
en los desfiladeros del alma!...

Aun así, madre... (Un canto a la tierra)

Madre india, flagelada,
llena de tumbas que se mueven
en sus sueños inventando realidades.

Aun así, siempre verde,
de floras arenosas,
generosa, de blancas azucenas
que en el invierno son nieves,
socorrida en barro de alfarero,
para formar castillos oscuros
de silencio amalgamado en historias
de héroes y princesas.

El limo de tus pies es patria pura
de las lluvias, de los inviernos tropicales,
de la cosecha del trigo y el maíz...

Tu música es de viento y de tormenta,
de la lluvia que purifica tu aliento,
de los mares, madre, que dieron
vida al engendro de tus hijos...

Madre de crepúsculos y cárceles
que caminan, que ruedan, que vuelan
y navegan como tumbas
que encierran cadáveres que se llaman
almas...
Somos tus hijos, madre tierra! el soplo y la costilla,
tus abnegados devotos de la mentirta,
la desiguladad y la injusticia, devorándonos tu vientre,
chupándonos la sangre de tu fauna
y de tu flora... empedernidos hijos del despojo
y la crueldad.

Sin ti los cielos no abriririrían puertas de esperanza
para que la semilla se nutra y la cosecha
bendiga nuestras manos.

Creaste el engendro de la vida en las aguas
donde nubes y marineros se besan, donde
impurezas depredadas del flagelo de tus hijos
contaminan las entrañas donde mudas impurezas
para que de nuevo renazca la fuente de la vida...

Creaste floras de leches azules
y venas de sangre en tu fauna
ordeñada en las ubres
de tus barcos y tus puertos
para consuelo de tus hijos
como dulce placebo endulzando
la levadura del pan del dolor y el sufrimiento.

Y tus hijos han tocado los cielos
y han adorado los dioses...
Y a ti te no te veneran, te depredan
madre india, madre hermosa...
Madre Tierra!!

¿Qué es el alma?... Es la conciencia? En ese caso, ¿qué es la conciencia? No me refiero a ser consciente, sino a la energía que, en caso de que exista, está más allá de todo pensamiento y sentimiento y sin embargo, ¿es cobijado y protegido dentro las esferas del cuerpo o fuera de él? De qué estamos hablando cuando nos referimos argumentando acerca de una conciencia universal? Es todo esto real, o sencillamente son solo invenciones del pensamiento?

Agua pura

El paladar de mis manos
sedientas de agua pura,
potable,
del río de tu cuerpo
que purifique estos diques
que digitan herbores de tus labios,
de tu vientre y tu mirada,
abrumados en dudas y deseos,
que limpie y abrigue
mi piel arropada de sal, agua y arena...

Las antorchas que se elevan
en el reino de tus sueños
son dos faros para alumbrar
las calles peregrinas de mi exilio
donde las noticias de ti
son infinitas pupilas que se pierden
en el inmenso iris que iluminan
los puertos azules que parecen
la bandera de mi patria.

Qué opción me queda, mi amor?
Esos faros de pupilas infinitas
no siento que me llevan a la fuente
de agua pura de tus besos.

Y mis pies se agrietan de distancias
y ya no puedo más,
siento que la sal me quema,
el polvo me derrite y la arena
va consumienndo la sangre
de mi alma...

y la savia de mi cuerpo
se consume... y se seca el paladar
de mis manos, sedientas de agua pura,
potable del río de tu cuerpo,
que antes de encontrar mi camino,
secó el yacimiento de su fuente...

Quiero...

Quiero quedarme en tu cuerpo
mojado de noches, de labios y piel
en la vigilia del olvido que nos pierde
hasta el amanecer de luces y rocío.

Mojarme en ti como ladera del río
como roca bañada de lluvias y cascadas,
hundirme en la espesura de tu vientre
crucificado de tus senos y tus labios...

Quiero morir mojado de tu cuerpo,
en mi sudor respirando cada instante
de renuncias que enmudecen los deseos
en un mar azul de besos, de poros y olvido.

Mojado del rocío de las fuentes de tu piel,
del embrión de los enjambres de tus manos
y tu fragancia desnuda que comulga la aventura
de tu vientre que desemboca su cópula en mi mar...

Ya de ti, no sé...

Ya de ti se han ido los colores
de aquellas mariposas que eran risas
y la dulzura de tu mirada tentativa
que arrodillada traspasaba corazones...

Ya tus brazos no son pájaros alegres
que aletean con el viento la fragancia
de tu piel que brillaba de rosas y claveles,
endulzando la alegría de tu risa en primavera.

Se ha secado la ternura y la pasión delira
de tanto amar el azul de los ríos que bebías.
La frescura del oxígeno indultado se evapora.

Tus párpados ocultan levemente tu mirada
como pidiéndole perdón a la cascada del río
de agua dulce, donde tantas noches nos amamos...

Si pudieras...

Si pudieras, algún día
decir te amo
y yo pudiera liberar
la angustia de quererte...

No habrìan sombras
donde se escondan tus ojos.
No me lo digas con palabras.
Déjale a tus ojos el milagro.

Tus ojos negros saben del amor!

Cuántas rosas brillarían en la nieve,
el invierno refrescaría el fuego de mi amor.
Y cuántos besos
de tu boca embriagarían
mi alma con el vino de tus labios!

Sé porqué más de la mitad de mi vida fui cristiano (católilco y evangélico) luego rosacruz, budista, dianético y hasta comunista ... Sé porqué empecé a dudar de todos y de todo, embarcándome, ya sin saberlo, en la carabela del panteísmo y uno que otro "libertador", para luego transbordar al buque del agnosticismo. Ese buque sin timón me arrastró a mi puerto final, donde ahora me encuentro. Nunca supe cuando ni porqué, no hice nada, sólo me dejé llevar al puerto donde arribó mi destino, en el que ahora me hierve el alma de libertad y regocijo. Ajeno de creencias, ya no pido, ya no busco, no hago nada, no espero nada... AMÉN!!

El jardín del olvido...

Me han hablado del jardín del olvido
y me han dicho que lo encuentre
que sobre todas las cosas es tan fiel
y abnegado a derribar las barreras del amor.

Que es tan inmenso y profundo como el mar,
que ahoga la ilusión y purifica el alma.
Que hay que sufrir inviernos de nostalgias
y soportar los desiertos crudos del verano.

Que sus caminos son borrascosos y largos
y que hay que amar, inmensamente, sin piedad
hasta que duela y hasta que tú, amor mío, te apiades
de soltar mi corazón prendido en la fiebre de tu amor...

Hasta entonces, quizás, y después de tantos
sueños deshojados en febriles otoños
y tantas primaveras abnegadas de tristeza,
la fragancia de tu ausencia me regale el olvido...

Ya es muy tarde...
Hoy no es lo mismo que ayer,
mis palabras ya no cantan
y tu mirada ha ocultado sus encantos.

Ayer las estrellas florecían
y acogedora la palmera del rincón
en la sombra desvestía tu frescura.

Pero se hizo tarde sin perdón,
ya no puedo como ayer decir te amo
y los embrujos de tu piel ya no me tocan.

Eso fue todo, amor! todo pasó,
ya la miel de mocedades se ha marchado
y se ha mudado a su panal de olvido...

Noche mística...

Esta noche será diferente mi sueño,
la prueba final abrirá su misterio
y tus ojos habrán desvelado una noche
de esmeraldas y lágrimas de rocío.

Fuente clara como danubio sin freno
los aires golpean frente a mi ventana
como río desbocado que desmiente
el otoño y la fragancia del silencio.

Ya el misterio arropado con sábanas
golpeadas de sudor marchitarán mi angustia
y bañarás mi cuerpo de tu cuerpo
con las esencias del azafrán de tus poros.

Ay de esta noche en tu agonía, mi amada,
renunciaré a mi propia esencia y emigrará
mi alma sin historias a los recintos de tu cuerpo
donde ya no sabré más si vivo o si muero...

El jazmín de Elena...

Esta tarde llovía
y los jazmines estremecían
su color de nube transparente
en el azul claro de los ojos
de Elena...

El jardín donde reposan tus sueños,
los jazmines bendicen
su aroma con tus manos de marfil
en la fiesta de miel y ruiseñores del sur.

Había tantos sueños en sus pétalos
y cada pétalo era un aroma diferente,
era una lluvia distinta
cada gota de rocío
que se ahogaba en tus manos...

Todo fue distinto aquella tarde!
Mis ansias de beber esa fragancia
del sur, embrujaban...
se marchitaban en tu mirada
desvanecida que se bebía todo
el perfume blanco del jazmín...

Desde mi ventana no pude mirar,
pero puedo sentir en mi piel
el perfume y el roce de tus manos
en ese jazmín que has cortado para mí.
Y que ha dejado un aroma en mi ventana!...

Tu luto blanco...

Te he recordado en aquellas horas
que te vestías de noches
y el luto de margaritas era blanco.

Yo había muerto para ti, y tú eras pieza
de un enjambre de rosas
que cada tarde deshojaba la muerte.

Tu amor se iba perdiendo en cada herida
de aquellas noches de relámpagos y besos
que iban muriéndose infinitos en tus labios.

Siempre fueron lágrimas el blanco de tu luto,
siempre fue tu luto de margaritas deshojadas
que marchitaron el enjambre de mis rosas...

Mis esperanzas de otoño y hojas muertas
del recuerdo, marchitaron el jardín
que cultivé para ti con la simiente de mi sangre...

Tu soledad y la mía...

Nunca supimos. No nos dimos cuenta.
No estabas tú. Ni yo tampoco.
Ni tú para mí. Ni yo para ti.
Eramos tú y yo la soledad... No había más!

No eras promesa, ni yo pasado.
Sobrios, además, ya editados, sin darnos cuenta.
El giro de la tierra era silencioso
entre tanta algarabía.

Y uno no se daba cuenta del perfume
que era exquisito al alma, que giraba.
Y eran gardenias y amapolas en medio de tanta arena.
Y la tumba olía a cedro y a jazmines.
Y la tierra giraba, y éramos tú y yo aplaudiendo al infinito.

Todas las estrellas se habían desprendido
y abortaban la oscuridad del caos.
Nunca supo la carne de la gente, ni de sí misma.
No había gente. La tierra no existía.

Éramos tú y yo en el camino donde no había caminos.
Donde no nos dimos cuenta que en la tumba
no cabían dos...
Pero tú y yo no éramos dos.
Éramos uno... y nunca lo supimos.

Tú no sabes, poeta...

Tú no sabes de inquirir, poeta
deja que el labio y el verso
te persigan en su verbo y sustantivo
deja que la nube y la luz
persigan el beso de tu amada.

No quieras atrapar el viento, poeta,
no amarres sus alas que navega sus olas
y que el mar se enamore de tu prosa,
deja que te cante sus idilios con la luna.

Tú no sabes de inquirir, poeta
deja que la prosa y el verso te quemen
que abrasen las fibras de tu alma
con el el fuego de los besos de tu amada.

No dejes que la mente se te aquiete,
que tu corazón sangre sus miedos,
y cada frase escrita con la fiebre del dolor
deje atrapar tus insomnios de poesía.

Ah!... tu amada, poeta, tu amada triste
suelta y alegre de olas y crepúsculos,
fragancia de los vientos cadenciosos
de octubre y flor de abril ¡lluvia temprana!

Tú no sabes de inquirir, poeta!
Déjate llevar, que la prosa te persiga
te queme, que incendie su miel y la derrita,
que no haya foros de piedad para tu alma...

¡Quema la miel de los labios de tu amada!
y sus manos hagan de tu prosa y tu fuego
el sendero donde tus pies se ahoguen de mar
y el silencio que desgrane besos largos... largos!

Lo que duele

Debe ser la rosa
que te debo
o el beso que me diste,
no lo sé.
El trigo reventaba
y el olor hería
mi prosa en su nostalgia
de surco...

Respiro la tierra
y me duelen las venas
secas de palabras
que el arado
inclemente gravita
y me duele
la ausencia de rocío...

No sé que duele más
si duele el árbol
sin sus alas de tormenta
o el pájaro que su canto seca.
Y me duele el beso
y me duele la rosa...

El libro del amor...

Me dijiste aquella tarde,
a la orilla del río:
"este es el libro del amor...

Si lo sabes leer,
habrás bebido de la fuente
de la vida...

Sólo puedes leer una página cada día"
y cada día será una página
en tu vida"

Nunca me revelaste que tan bello
es el amor, que tan noble y dulce.
Y qué tan triste, amargo y doloroso.

Nunca supe de ese enlace
de las páginas de un libro,
del amor y de esa nostalgia inmensa...

Cada verso era una lágrima
y cada lágrima un universo de lluvias
en cada sustantivo que era un cuerpo
de dolor y de deseo.

El amor y el deseo amarrados
en las cadenas
del cilicio del dolor.

En cada página habían versos rojos de tu boca,
que me embrujaban de tu aliento y de tu voz.
Tus manos eran todo el calor del verano.

Otras páginas eran los sueños de tu piel
bebiéndose los encantos del otoño
y bañando mis ojos de tanta ternura y tristeza.

No podía faltar la primavera y su fragancia
de abril y mayo, y sus colores, de las praderas
y los senderos de ensueños, de tu amor y el mío!

Nunca supe, nunca me dijiste
que en la fuente de la vida de tu libro
del amor, no existía el invierno...

Que el invierno era la prosa que yo tendría
que agregar al libro de la fuente de la vida.
Y ese invierno que inventé para ti fue mi verbo.

Mi verbo de nieves, de nostalgias y sueños
fue tu aliento y el mío endulzando la corriente
del río que llevó nuestro amor a naufragar en el mar...

Se supone que todos buscamos algo, defínase esto, material o espiritual, válido o inválido, cada quien parte de un contexto puramente conceptual... Llega un momento, si se prefiere opcional, cuando ya no hace falta buscar. Cuando ha habido una reflexión, si se quiere profunda o ligera, un discernimiento verdadero de cada percepción, ya no es necesario buscar nada... cada minuto, cada instante, es lo único que existe y que vale la pena vivir, y cuando vale la pena, la búsqueda que no sea en favor de la estricta subsistencia, queda sin ningún valor, rezagada en el pasado...

Sigo en ti...

Sigo en tus notas, mujer,
en tus orillas me marchito.
Eres como canción que rodea
la prosa de mis encuentros
con los bordes del dolor y el amor.

Las orillas de tu cuerpo
son los bordes del deseo
donde se incuban las manos
cuando tu piel duele porque quema,

Donde desvela erizados encuentros
de calor de manos y placer de bocas
en los ardientes paseos del amor.

Tus orillas me limitan los caminos
regresivos en avidez frustrada de besos,
tentativa gestión de mis impulsos locos,

Donde hay una frontera en las orillas de tu piel,
que quema, y desvanece la fría gestión de espera...

Sigo en ti, merodeando el áurea de tu figura
sin penetrar más allá de tus deseos tentativos
porque no sé si penetrando frágilmente tu figura
habrá algo más allá que tus orillas y tus notas...

Si la magia de mi cauteverio en ti se muda!...
No lo sé!... sólo sé, que sigo en ti!...

El verso...

El verso que persigo
es el que no te toca,
virtual como el romance
que no deja huellas,
como la palabra que
nunca se dice,
como el verbo
que se aquieta
y sin vicio
se muda...

Que sea una sonrisa,
una mirada azul
de mares misteriosos
en la sombra de tus ojos...
Un verso que nunca diga
te amo...
pero que sea testigo
del idilio del rocío con la flor
que sepa reunir mariposas
abrigadas de la aurora
de colores de ternura,
de amaneceres de otoño.

Que sepa del dolor
del arado gravitando el surco
mendigando su suelo...

Que mi verso no se quede
¡por amor! sin los vientos
del verano y la miel del panal,
que noviembre robe al arrozal
su fragancia de metal precioso...
y que pueda pintar
navidades frescas de tristeza...
figuras de tímido romance,
ideal de niño de platónicos sueños.

Fiebre de tierra
que se humedece de bulbos,
de pasión con la simiente
donde el el amor se cultiva.

Cielo abierto, espejos de la noche,
estrellas que te bañan
que tiritan como duelo de lanzas
y puñales...

Ay! amor, cómo hacer
que mi verso te toque?
y cómo rimar tu cuello
con mi boca?
Cómo escribir un soneto
de tu piel sin tocarte,
sin besate?

Cómo abrir las ventanas
de tus ojos sin mirarme?...
Y cómo mirarte sin sentir
que mi pecho se ahoga
en el miedo de perderte?

Qué tristeza del verso!
que se ahoga, que no pide,
que se traga su simiente,
que no encuentra su rima
que no libera su pluma
para convertirse en prosa,
sin clemencia ni plegarias,
que arrodilla tu belleza
sin tocarte, sin medirte,
que virtual la alegoría
de tus besos y tu voz
se quedan en mi verso
sin tocarte, sin oler tu piel
del azafrán de abril,
de seda del oriente,

de la orquídea azul que mis
ojos desnudan...

Qué ironía!... el verso se me va,
y tú te quedas...

En términos de conciencia, ¿Nos hemos dado cuenta que más allá de nuestro ego que involucra nuestro pensamiento y sentimiento, no existe nada más? Que nuestro yo realmente es violencia, codicia, miedo, sufrimiento, dolor y placer? Y que nuestro pensamiento sólo busca el placer y rechaza y huye del dolor y sufrimiento, y en base a esto se inventa cielos, paraísos, dioses, iluminaciones y despertares, tratando de refugiarse en ellos, huyendo de lo que causa dolor y sufrimiento.¿No sería, acaso, más razonable y justo, empezar a entender lo que somos, nuestro ego, nuestro yo, y tratar de funcionar en la vida con eso, con lo que somos, sin agregarnos más daño y dolor a nosotros mismos y a los demás?... Buscar algo que, supuestamente, está más allá de nosotros mismos es huir de lo que somos al querer seguir y ajustarnos a ideas, subterfugios, ilusiones y conceptos que nuestro mismo pensamiento ha inventado...

Compañero Raúl!...

Guardados aún vibran
en la memoria de sus versos
la mirada sencilla de su miel,
de un hijo, de una mujer y un partido.
Su inspiración y devoción
era de amigo, de hermano,
de compañero revolucionario...

Nunca supe si sus huesos
fueron arrastrados en las aguas
bañadas de crepúsculos oscuros,
o en el inocente río fecundado
en laderas de Cabañas...

Nunca lo supe...
Si bendijeron con su sangre
el oscuro pacífico del sur.
O quizás fertilizaron los montes
de Guazapa o Morazán...
o quedó sepultado en mazmorras
de un cuartel de la guardia nacional.
O sumó una más de veinte mil
tumbas clandestinas...

Heraldo de las viudas
y de los huerfanos refugio.
Era historia de su padre
y memoria de su madre
cuando en el río
fueron butizados sus huesos
con la muerte...

La canción alterna de su prosa
con la muerte
enarbolaba
el triunfo de la vida.
Enaltecía la esperanza

y sometía el hambre y la miseria
a la justicia de un pueblo liberado...

Raúl, era un hombre de fe!

Aquella tarde con olor a sangre
no fue casualidad que su mochila
conmovida de polvo y hambre
vaciara entrelazados,
en aquella hora de pólvora y fusil,
sus versos febriles, sofocados
por el fuego y el sudor de añil,

Era hermosa su prosa y contagioso
su corazón comunitario...

La llama de su tiempo
marcaba indeleble cada huella
que hundía con el yunque de su fuego
con sus anhelos de triunfo y liberación...

Con su mochila, un fusil y un anhelo
me dijo adiós en un abrazo fuerte y largo.
"Hasta la Victoria siempre!
Compañero!"...

Lo que es el cuerpo, sin dilación, se entiende. Lo que es el pensamiento, aparentemente, no ofrece objeción alguna en saber lo que es. Sin embargo, ¿Estamos claros cuando nos referimos con palabras como conciencia (no de consciente), alma, espíritu, dios y ser? Si no son palabras que se definen fácilmente y con claridad ¿Porqué su uso es tan extendido y común? Aunque no niego que son palabras con profunda acogida en metáforas poéticas, en claustros religiosos y en abstractas definiciones y enfoques; pero la claridad de su concepto se pierde con la excomunión de los hechos y el razonamiento...

Junto a la ventana...

Esta tarde casi no pude mirar
a través de la ventana grande
la de espejos como rosas de la calle,
como gente que va gastándose de pasos,

Mirándose a los ojos cada una
con su pena, con su suerte,
abrazando todas una misma muerte,
eran como cosmos de las sombras...

Cada una mirándose sin mirar.
¡Cómo temblaban los árboles
su orgasmo con el viento arropado
de azul y polvo! Era simiente de verano!

Era tarde de miradas al sur,
al calvario, al campo santo
donde descansan héroes y verdugos,
y los niños abonan ilusiones dormidas.

A la tierra que renueva cada verde
y en primavera no veo tus ojos azules,
entre tanta mirada y turbios espejos
que se rompen en sus muecas heridas...

Más allá....

¡Respirar es grato y sensuel cuando
los árboles descansan y purifican
la sombra fresca de tus labios que besan!
con el viento junto a mi ventana...

Despertar después de tanto sueño a tu lado!
Ya no veo los espejos de la tarde, de la gente,
se han disipado de tanta tiniebla hacia el sur
hacia el campo santo, al calvario...

Ya no reflejan mudas las penas ni mudo
el desencanto del llanto y tanta frustrada
ilusión y tanto miedo junto a la ventana...

Junto a la ventana, la ventana grande
de tus ojos que dibujan las auroras
de mi vida en un blanco amanecer.
Las velas y lágrimas ya no pudieron...

El azul de mar quemaba el final...
Naufragados de mirar vencidos...
¡no pude porque habían tantos espejos,
reflejando las penas de mis propios ocasos!

*Así como el sol, la verdad, sólo temporalmente puede permanecer
oculta...*

Bella doncella...

Me he detenido, otra vez...
revolviendo la tierra de mis huellas
y que mi suelo recobre los pasos
de una doncella que era tan bella
en un poema que era tan triste...
Cada mañana que en el oriente
rayaba el sol,
una domcella que era tan bella
como una flor...
Cada mañana de primavera
se inba a bañar.
Era tan bella como la estrella,
era doncella como el trigal.
Eran sus ojos como la sombra
de una montaña crepuscular,
mejillas puras de suave brisa,
cadencia pura era su andar.
Con su sonrisa callaba el viento
con la mirada brillaba el sol...

Era su sombra como la alondra
sombra sedosa de azul color.
Sus labios eran como manzana
jugosa y dulce, sin corromper.
Su cabellera de seda hermosa
color de trigo sin reventar
libre corría sobre sus pechos
mansos y castos
como brotones de manantial...
Su cuerpo entero, puro, rebelde
ansias clamaba por despertar...

Cada mañana se iba a bañar
y aquel arrollo cantaba alegre
junto al trigal...
Era imposible tanta belleza
sin corromper.

Detrás del árbol naranjo en flor
El la miraba sin sospechar.
Los azahares eran tan bellos.
¡Y ella era hemosa!
Era doncella, sin despertar...

Sus pies desnudos dormian ninfas.
Su vientre oscuro como panal
era un secreto sin revelar...
Hasta que un día la niña bella
bella doncella se enamoró.

Era su dueño un trovador,
poeta triste, gran soñador.
El anhelaba detrás del árbol
naranjo en flor, suaves caricias
besos ardientes, labios en flor...

Surgió el romance
¡Momento cruel!
El sol celoso se ensombreció
y la montaña ya no brilló...
La sombra pura del despertar
rompió la pausa de aquel edén.
Era imposible tanta pureza
tanta belleza no corromper.

El sol radiante se oscureció,
celoso el viento se enfureció,
el manso río se desbodó.
¡Ingrato el cielo se la llevó!

Y aquel poeta que era su dueño
Solo... clamó:
Clemencia pido, prosa de dios,
cielo inclemente ten compasión,
llévame a ella destino mudo
no me desgarres el corazón...

No hubo clemencia,
vana oración, no hubo perdón
el cielo ingrato no le escuchó...
y aquel poeta, gran soñador
lloraba triste...
Sin más reposo que su dolor.

*El camino de desaprender es el que conduce en regresión inapelable
a los orígenes de nuestra conciencia, de la inocencia, de nuestro yo
primero, el que fue obligado a aceptar devociones de creencia y fe,
renunciando a la luz de la razón, la libertad y la verdad, envenenando
así el pensamiento, ajustándolo, conformándolo, condicionándolo
a la mentira de la religión, sus creencias, sus métodos y miedos.
Aprendiendo cada día cómo ser más vulnerables a la ilusión de lo que
debería ser, a lo que de ninguna manera se ajusta a los hechos ni a lo
que es, a lo que somos, a nuestra vida factual y verdadera; remontando
nuestra reflexión y energía a un supuesto más allá, imaginario, mítico y
falso como el mismo creador del universo...
Es tiempo ya de ser valientes, de tener el coraje de empezar a
desaprender, a barrer con toda la basura que nos conforma,
que nos condiciona, ya sea en materia religiosa, política, social y
económica. Empezar de nuevo a hacer renacer al niño que una vez
palpitó en nosotros; pero que esta vez sea susceptible a la verdad de los
hechos, a la razón y a la sensibilidad del corazón, con mente nueva,
abierta y compasiva...*

Odas

Del Ocaso

Un año a dos...

Un año más que agoniza
desaforando sueños
conjugando desdenes
sancionando injusticias.

Un año más que se va
marcado por sus dudas
plasmando deudas
desmembrando tiempos.

A la tierra, al equilibrio
a la vida, un año que reviste
nuevos sueños
año nuevo, inquietud, falsedad,
tristeza.

Indignación de calles,
de almas emulando luchas,
desafiando códigos de hambre,
la esperanza despertando muertes.

Un año que amanece...
indignación de calles, dolor
represión de voces de protesta,
¡nuevas luces alumbrando!

Un año que despierta,
un año más pariendo luces
abriendo nuevas sendas
abonando campos de veda
de mártires en sangre.

Un año más
de clandestino pan
contaminado de codicia,
de indigentes, intocables
muertos por el hambre.

Indignados…
un año más, igual que el otro
de lucha permanente
por la vida, por el pan
por la justicia prostituida.

Un año más
pariendo luces,
esperanzas que se suman
que me suman, que me unen...

Las llagas del pasado sólo sanan en el tiempo, cuando has aprendido
a perdonar, aunque nunca llegues a olvidar...

Delirio...

¿Qué es la vida?, vida,
la pregunta más triste,
sepulcro, devoción extendida
placebo que la oración reviste.

Es dolor el amor? Dijiste?
que vivir sin amar no era vano,
fingías y no me pareció triste,
tu remanso de paz no era lejano.

Qué te debe la vida? preguntaste
existiría el cielo y su equilibrio
sin la dulzura y emoción que cultivaste
habría sombras sin luz, sin su delirio?

Qué le debes tú a la vida? replicaste,
tienes que pagarle sus placeres con dolor
piensas que ella no te usó al informarte,
te describrió acaso lo que es el amor?

No supiste que es la vida... lo más triste
no habrá que decir adiós para entenderlo,
un suspiro desnudo al morir que se resiste
una vida sola, que triste, es triste no saberlo...

Sabiendo perdonar es como aprendes a sanar tus heridas!

Deja que sueñe...

Quién te trajo, lo recuerdas?
un juguete del placer
y la inocencia, o quizás
fue un instante de amor
que aventuró su temor
en su riesgo de miedo
como juguete de niña
en su temblor de abandono.

Era tu cuerpo de musa
pequeña envuelto en trapo
de reyes y reinas manchado
de nupcias...
de virgen jugando pañales
de noche de reinos y reyes
ya sin sangre, ya sin gloria.

Cómo quieres quererme
muñeca de trapos azules?
en mi juego de noches,
de adobes y tejas de hogares
sin miel,
de nubes y espinas
de jardín sin rosas.

Deja que mi esfera de niño
respire tu néctar de amor,
deja que sueñe
como juguete de ensueño,
y la sangre que no derramé
en tu inocencia de montes lejanos
sea mi elixir, sea la flor,
sea fragancia, en el jardín de la vida.

Libertad y algo más...

No tengo prisa
no sé adonde llegar
no busco y nada pido
no quiero ir a ningún lado,
no espero nada.
Con el aire disfruto las cosas,
no las poseo
no me pertenecen,
el mundo que sostengo
y me sostiene
no es mío aunque
lo tenga, ni le pertenezco
aunque me tenga.
La vida,
que comparto con el árbol,
el animal, las cosas
y el hombre,
con el conocimiento
y la sabiduría, con
el sol y las estrellas,
es el pan de todos
el dolor y la alegría
y no me aferro a ella.
¡Sólo me aferro a la verdad!
No le pido ni su abrigo
ni su hálito de luz,
ella me los da.
Y yo le vivo agradecida
respirando plenitud,
abriendo puertas,
sembrando semilla
cosechando frutos,
limpiando malezas
para pensar, para negar
la falsedad establecida,
la inmoralidad en la moral social.
No espero logros

ni reconocimientos
no me hacen falta,
ellos pueden llegar o no llegar,
me son indiferentes
no pido clemencia en el dolor,
lo sufro, sé que pasará,
no necesito, rezos ni oraciones,
ni siquiera necesito meditar.
En la vida y en la muerte
romperé cadenas
seguiré siendo libre
sin pedir tregua ni clemencia.
No tengo caminos,
no busco nada, no espero nada,
no invento dioses, los rechazo,
no tengo destino, me inventé a mí misma…
¡¡Soy la libertad… Soy la verdad!!

Cielo, mar y tú...

Sólo el mar, el cielo y tú
que ibas cubriendo
cada inquietud,
cada azul que describía
el milagro de vivir,
la confianza del niño
que se abraza a los brazos
del vientre...
en los brazos que abrazan
como pétalos rojos
que maman la miel de la flor.

El mar y tú transpirando
la sal de los siglos
adobando los muros
de quietud en los cielos
de agujeros que respiran
astros oscuros de tanto brillar.

La quietud se transmuta
y luceros de arena se bañan
de brillo, de sal y de mar,
de tu piel... que se funde sin mí
ajena de llanto, de luto dolor,
te llevas el fruto que no coseché,
profunda, te hundes, te vas...

Siempre que trates de comprender la vida, fracasaras...Saber vivir y disfrutar su gozo es el principio de la sabiduría para abrir las puertas a la felicidad y al misterio de la vida... El abundante conocimiento te impulsará a querer descubrir ese misterio, fracasarás en ese intento. La sabiduría, en cambio, es el camino que te conduce a la felicidad... y al misterio...

Un sueño...

Anoche tuve un sueño
soñé que la mina donde
se cuece el dolor
era esperanza con alas,
era vivero de rosas
y que crecían las flores
con lágrimas como pétalos.
Soñé que la mina amarraba
los sueños donde los cielos
eran sangre y sudor
eran dolor de minero.
El oro era ajeno,
era el pan del patrón.

Soñé que la tierra paría
barrotes y celdas
barrotes de oro y celdas
de fuego...
cada barrote era un hombre
y cada mujer una celda
y la celda sostenía barrotes...

El patrón era un niño
que tragaba su tierra
y vomitaba la mina,
era un dios el patrón
soñé que era bueno
que inventaba el hambre
para darle trabajo al minero,
inventaba el trabajo
y ordeñaba a la tierra
y la tierra paría su pan.

Misericordioso,
daba pan
y trabajo,
era niño por eso,
por eso era bueno,
todos los niños son buenos,
daba pan al hambriento
y habían muchos
hambrientos,
era un dios ese niño
y utilizaba su fuego
fundiendo barrotes y celdas.

Soñé que ese niño
fundía las celdas
junto a los barrotes
y los convertía en tierra
y era el infierno la tierra,
y la tierra vomitaba cielos
donde habitaba el patrón,
era un vientre que paría el pan.
La mina y el hambre,
eran sólo un sueño...

Así como el sol, la verdad, sólo temporalmente puede permanecer oculta...

Si pudiera...

Si pudiera volver a los pasos de mares cansados
a los espacios de nieves oscuras de días pasados
de tanto caminar en tiempos de lunas morenas,
atraparía las brisas de esteros en playas y arenas.

Sedientos de nubes de sol y huellas de besos
que riman sus noches de color y embelesos,
sonetos arropan su lluvia de silencio y mar,
escriben sus verbos de amor de locura al amar.

Respirar la cruz del amor a la patria violada
desnudando las huellas en su puerto de venas
es enredar las fibras de sangre derramada.

El germen de tu piel desgranó mi rosario de penas.
Si un sendero pudiera endulzar mi dolor
sería quizás el calor de tu primer beso de amor...

Más allá de tus ojos...

Más allá de tus ojos
la mirada se pierde,
no llega y mi pregunta
no alcanza su rumbo.

Las respuestas desfilan
abrumadas de nubes
en charcos de huellas
y en limo de inviernos
donde los cielos reflejan
miserias de gloria imposible.

La pregunta equivocada,
dijiste mordiendo el desdén
de tus labios de sed que medita,
las ideas sin orden del alfa y omega
alfabeto esculpido de historia
en mi destino de dudas y miedo,
aún así la pregunta equivocada
insistía renunciar al olvido...

El hecho, más allá de tus ojos
impuso sus reglas de tiempo,
el destino no durmió sus laureles
anunció su respuesta castigada
en memorias sin orden de llamas.

Sin rumbo en asépticos labios
de abanico de besos murmuró
su respuesta de implacable memoria.

Más allá de tus ojos el espacio
de ayeres moliendo sus horas,
el olvido se alarga y se ahoga
consumiendo mi pregunta imposible...

Miseria de niño...

La última tarde la respiró
contagiado de tristeza
en universo de dudas
que oscurece su miedo
y dibuja en las sombras
del delirio y la culpa
la esperanza que no logra
redimir su pecado.

Su pecado capital
de respirar la pobreza
como único aliento al nacer
sentenció su destino
a la desnutrición, al dolor
y al desencanto de vivir,
su pecado, haber nacido pobre.

Las tormentas de invierno
son el frío del hambre,
los fuegos del verano
queman su desprecio indigente
donde las calles se tragan sus pasos
de miedo y dolor, las blasfemias
humanas le niegan su pan
y su abrigo.

El hambre de ayer
no se repondrá jamás,
¿pero es posible este día
suspender su flagelo?
descontaminar su aura
de abusos y miedos?

Será posible que su piel
transpire salud y sus manos
lleven a su boca un pedazo de pan?

Hay un niño en la calle,
miles como él, los has visto,
los ves cada día, inconcebible
realidad de una América enferma
en un mundo que se desangra
en su crisis opulenta de orgullo...

El devenir es un estado de realización al que se aspira llegar cuando no estamos satisfechos con lo que somos o tenemos, cuando no estamos satisfechos con lo que somos o tenemos, estamos siempre buscando. Deseamos ser lo que no somos, algo más grande, más sabio, más inteligente, más eficiente, más capaz, más santo, más espiritual... De igual manera, deseamos más cosas o más experiencia, más conocimiento, más seguridad, más dinero, más sexo, más esto, más de aquello. Nunca estamos satisfechos con lo que somos y lo que tenemos, aunque dispongamos de lo suficiente cubriendo la subsistencia del alimento, el techo y el vestido. El devenir y la realización son las máscaras perfectas de la codicia y la ambición, las formas en las que el ego busca seguridad escapando de lo que es, a lo que debería ser... Ninguna búsqueda de realización, ningún devenir nos hará más felices, al contrario, nos traerá más conflicto y el conflicto cuando no es comprendido y manejado adecuadamente solo lleva al sufrimiento. No me opongo a que se busquen esos estados falsos de la realización o devenir del ego. No los cuestiono. Sé que siempre se buscarán, siempre estarán. Sólo quiero señalar un hecho.

Día de junio...
(Último adiós a mis amigas Gloria y Coralia)

Eran tristes
los días de junio,
abrieron su patria
cargados de historias
donde jugaba la sangre
su simiente de ayeres
en lágrimas del recuerdo.

Era triste el momento
precoz de los sueños
que jamás realizaste
y tu partida fue manto
de lluvias preñadas
de angustia y dolor.

Te fuiste con la sombra
que esconde su herida
de luz en tumba de tinieblas...
La conciencia estremece su sino
y las lágrimas corren
destino de mar donde
ahogan su pena.

Tu mirada, amiga
se selló en tu último adiós,
en aliento de flor que se seca
desfigurando el luto de muerte
consumido en garras de silencio.

Tu último suspiro, amiga
ya no fue testigo de plañideras
devorando el coro de la noche
en tu última lluvia de junio
en el último canto de gracias a la vida
en tu canto primero de amor a la muerte...

Presagio de niño...

Mira que es tarde
y el sol se oculta
y sus colores reposan,
en el ocaso tiemblan,
van palideciendo
mustios, tristes
como retrato
del hambre de pan...
La brisa es de otoño
fresca como la ternura,
azul como los mares
y el niño se pierde
sediento de luz,
fresca la mirada
se extiende perdida
de estrellas y del infinito
que tragan tus manos...

Esas estrellas que tu mirada
hacen brillar,
ese aire que respira tu piel,
este suelo, niño
que besa tus pies
y ese mar que navega tus ojos
es tu pecunio, tu herencia,
tu derecho.
Eres niño su dueño,
eres su amo...

Cuando canta el corazón, hay silencio en la mente, esta sumisa se arrodilla, no para pedir perdón; sino para dar gracias!!

Romance...

Ese temblor de boca
aleteando tus labios
como abanicos
que el viento
se roba,
es el silencio
que ahoga tu voz
en tu puerto de besos.
Es la muda caricia
que roba sus fibras
al alma amarrando
al amor...
Cuando las manos
se extienden
cuando aterrizan
su viaje en el sudor
de tu cuerpo,
ya tu boca no tiembla,
se ahoga, se funde
se pierde en el calor
del olvido...

Tu mirada...

No conocí la ternura
hasta no sentir tu mirada
mirándome a los ojos.

Hasta no caminar
ese sendero de pausas
y silencio de olvido
del mundo y de todo,
donde yo istmo anulado
imbuía mi ser en el fondo del alma.

Nunca dijiste te amo,
pero eran tus labios
enjambre de besos
que pierden sus frases
en ocasos de olvido,
y tus manos eran la fiebre
que abrigaba todos los inviernos.

Eran tus pasos reposo
de huellas que pierden camino
en foros de consuelo y de tristeza.

El verbo estorbaba tu aliento
que era el oxígeno en mi alma
y tus cabellos como serpientes
de miel endulzaban mis manos.

Reposado el recuerdo
en el regazo del tiempo
hierve tu piel sofocando mi pecho
abrasando mis venas,
extinguiendo el olvido...

y aunque nunca dijiste te amo
cultivaste la miel de ternura,
con esa mirada que ha endulzado
mi vida...

Tus ojos, niña!

Más allá del ocaso
son tus ojos, niña
más allá de tu piel
son tus manos
que juegan
a detener el viento
devolviendo su sueño
de tristeza.
Tus ojos, niña...
Es tu mirada,
tus ojos, niña
más allá del mar,
de sus afanes,
de los suspiros
ahogados de llanto
en el juego de besos.

Tus delirios
son fuego de antaño, niña
donde no caben congojas
donde jadea el vinagre
su condimento de sal,
de miel y sabor...

Son tus ojos
que nacen, niña
anunciando mañanas
cada vez que me tocan
que me miran ausentes
renunciando a morir
que me envuelven
se me quedan
más allá del ocaso.

Hasta no verte...

Así te mancho
y me declaro
culpable del fuego,
de la blasfemia
que devoró la fragancia
que cautivó tu inocencia.

Inocente de vinos
de tertulias ausentes
el instinto te pierde
y tu sueño se mancha
en el eco de voces.

No hay tormentas,
no hay rocas,
no hay ríos,
el alba se irrita
se consume el rocío.

Ya sin vino
devoro recuerdos,
recorro senderos
tu cuerpo es camino,
tus besos son fuego
tus lágrimas vuelven
a convertirse en vino.

Recurso de voces
blasfemia de lutos
tu cuerpo sin verte
bendice el pecado,
el fuego se apaga
consume su aliento
un parto de luces,
la magia se extingue...

Sin ti...

Te respiro la piel
en hilos de recuerdos
y tu voz se me escapa
serpenteando palabras
en los ecos de ocaso.

Tu mirada se esconde
desprendiendo retinas
sorprendidas de luz,
de colores azules.

Tu simiente que escucho
y que duerme en el limbo
de los sexos opuestos
prematuros de amor,
de dolor se evapora.

Tus manos se alejan
ya no abrasan mi frente
ya no duermen la brisa
que se va con mi verso
ya no aplauden su fruto.

Los destinos revierten
cementerios de lujo
donde callan las risas.
y las voces son tumbas
Ya muy tarde me entero,
ya tu piel no me besa...

Tu partida...

Me dijeron que te fuiste ayer
que las calles publicaron tu partida
cuando la tarde devoraba las voces,
que en las paredes se quemaban
y que absorto de huellas el polvo
denunciaba tu ausencia.

Sabías que llegaba con la patria
de mis diezmos agotada
con la esperanza de cobrarme tus risas
y aunque fuera por última vez
rentar mi corazón a plazos fijos.

El pecunio del amor rebasó su vacío
se evaporaron los papeles simples
seducidos en atmósferas de sueños
y te negaste a pagar el precio
de tu engaño...

Ya no sé si perseguir tu aroma
que en lontananza me respira
o consumir mis huesos con tu olvido,
desmembrando el tiempo calcinado.

Ya no sé que vale más
si la miseria de diezmo de tus besos
o la mentira de las arcas del amor
donde las venas del alma se revelan...

Ya mi corazón es espejo
que bombea tu imagen
sin variar en cada pausa,
que suspira, clama y desvaría
resignado al fin a respirar tu ausencia,
hasta el último recuerdo de tu engaño.

Mi ventana...

Mi ventana se agota
removida de espejos
de rayos heridos
en nubes oscuras,
ausente de noches
la fuga de sueños
carcome el insomnio,
sumando ilusiones
contando las horas
capturo el silencio,
respiro su fuente.

La fría tertulia de ayer
no escapa, me envuelve.

Respiran su noche
los árboles mudos,
se agota el silencio
se queda, se duerme.

El cielo se aleja
se lleva los astros,
la nube se extiende
bendice la tierra,
mi ventana se agota
se nubla, se cierra...

Meditación, despertar o ensueño?

He querido entender lo que ha sido el estado emocional y reflexivo que ha sido la norma cotidiana que ha dirigido mi vida en los últimos veinte años. Me atrevería a decir que a partir de los dos primeros años de la década de los noventa del siglo pasado, fui sorprendido con cambios extraordinarios que yo no esperaba en el curso de mi vida; pero que sin duda venían silenciosamente operando en el giro y la apertura que estaba teniendo lugar en los umbrales del pensamiento...
Cambió todo de forma definitiva e irreversible en lo que a creencias e ideas se refiere ya que estas, a medida que han sido abordadas y examinadas, han pasado por un filtro que cuidadosamente la mente ha elaborado para retener sólo lo que considera importante de acuerdo a la validez de las pruebas o a su posible verificación en caso de que pueda someterse a ellas; de lo contrario, ese filtro cerebral procesa y expulsa todo lo que no considera verdadero, enviándolo a la cesta de la basura de los condicionamientos.

Durante los primeros cinco o seis años de esa apertura, sentía todo el tiempo, todos los días, de instante a instante un júbilo enorme que no cabía en mi pecho, y el corazón con el cerebro vivían una simbiosis de comunicación inexplicable. Siempre dudé de alguna legitimidad de ese estado que al mismo tiempo que reñía con mi ego me integraba con todas todas las fuerzas y cambios de la vida misma...

Y así, sin ninguna explicación posible ni motivo alguno, ese estado ha venido disminuyendo su fuerza, pero no su potencial y su valor, se ha equilibrqdo y estabilizado, y como siempre el júbilo está presente, sin euforia; pero tranquilo y feliz...
Han pasado veinte años donde la mente no ha recurrido a ninguna búsqueda, ya sea esta psicológica o espiritual, tampoco ha clamado por muletas de seguridad, por auxilios externos ni a viejas creencias y condicionamientos.
Siento la mente más liviana, descargada de creencias políticas, sociales o religiosas, de líderes, dioses, salvadores e invenciones de prometedores paraísos.
Siento que esta apertura es un despertar que se reduce a una vida cotidiana sencilla y corriente, tratando de ver las cosas como son y no como deberían ser, procurando estar atento a mí mismo y a mi entorno. No siendo más ni menos que nadie, y entendiendo el carisma de la comprensión de que uno es el mundo y el mundo es uno, que todos somos piezas importantes del complicado engranaje del universo y de la vida y que la libertad y la igualdad deberían ser la única profesión de fe de cada ser humano...

Cristo roto...

Era de mi madre
oscuro como reboso
de india Pipil, como piel
escamada de soles,
tenía los ojos sumidos
potables y claros
como larga tristeza,
como los ojos de niño.

Era de barro sin mezcla
sólido, puro y soberbio
adulterado sólo en el fondo,
no tenía alma...

Era piadoso, sin voz,
nunca hizo daño
parecía escuchar, eso decían
parecía que amaba
pero nunca pudo decir
te amo.

Tenía manos de virgen
en posición estética,
afeminada como yoga,
sumisa como danza
de ballet, pero altanera
como flamenco de fuego,
de muerte.

Lo busqué en la vieja casa
de adobes y cal, ladrillos
de sólido barro y añil,
techo de tejas frágiles
y tiernas como ocaso
de abril...

Era tarde ya...
el sismo de enero
había roto su historia,
había consumido la fe
de todos sus muertos.

No dejó huellas,
el estrado frágil de sus pies
no pasó la prueba de la historia,
será olvidado para siempre,
terminado este relato magro
del cristo piadoso, sin voz,
que no tenía alma...

La belleza verdadera no es de la mente, no es la que produce el pensamiento, no está en los libros, en las palabras, ni en los cuadros ni en las figuras de mármol y bronce... La belleza verdadera es la poesía de la vida, la de una puesta de sol, de una noche estrellada, de la suave brisa que acaricia nuestra piel, la de un beso de amor y la sonrisa de un niño. La belleza es desprendimiento, es amor! La naturaleza es belleza, lo único bello que no se compra ni se vende, que no se corrompe... Disfrutemos de la vida porque es bella!
Toda la belleza está en nosotros y en la naturaleza, seamos sensibles a ellas, y que la poesía sea el enlace en nuestro acercamiento a la sabiduría...

Metáfora sin ti...

He descubierto tu sed
y la metáfora de tu aliento
he descifrado,
he recorrido tu piel
en la seda de tus huellas.

Y tu mirada esconde
el laberinto del misterio
donde el silencio grita
como protesta del hambre.

El ardid de mi palabra
como larva en su capullo
que se niega a reventar,
se ha enredado en tus besos.

El estrado de mi mente
gobernado en la razón
fue ocupado sutilmente
por la miel del corazón.

Pero algo cambió,
y la savia de mis venas
sutilmente me ahogó
en un calvario de penas.

Te habías ido sin mí,
hasta ayer lo descubrí
el rosario de mis noches
desgranó sin reproches
los dados de la oración...

Chupando miel...

El gorrión se mueve
intermitente
en un concepto de flor,
lo veo el pico salpicar
con el néctar de su miel,
la ventana se me encoge
concentrada en volar
al perseguir el polen
de las patas de gorrión.

No busca germinar
la tierra en su aventura,
promueve su aleatorio vuelo
frágil en simiente
depurando las huellas
en su vuelo
aplaudiendo la ternura
de su canto.

Cuando vuela,
la brisa se contagia
de fragancia,
carnaval en colores
se agudiza,
el salón de la fiesta
de gorrión, perfume y flor
al entrar por la ventana
anula mis sentidos,
chupando su miel
me sobrecoge
y me roba el corazón...

Mi musa...

La musa de mis prosas
desnuda sus palabras
anulando las mías.

Desnudar su misterio
es desaprobar el ruido
de mis versos.
Cada sílaba suya
es comunión de palabras,
un reclamo de letras, de verbos.

Su fuente es reliquia
de aventura y misterios
es el juego niño de mis sueños de ayer.

Es exilio de patria
de huellas de olvido
es la cruz de María
y el rosario de mi madre.

Moliendo sus prosas
como el ensueño tristezas
como el maíz muele el hambre
va mi musa diciéndome adiós,
así el olvido va moliendo el amor...

Día de mayo...

Era como una historia
de rostros sin revelar
siluetas tenues, pulcras,
fugaces como el placer,
eran las nubes de mayo.

Pasó la tormenta,
las nubes vaciaron
su miel en el espejo del río,
la figura de tu cuerpo
potable se desnuda.

Desvanecida la inocencia
y el rostro se declara
pulcro y hermoso
como enjambre de miel
como panal de besos.

El encuentro fortuito
de la ternura y un beso
tropical y sediento
en un día de mayo
cualquiera, cualquiera
donde nace el amor.

Algarabía de luces
fuego de sombras,
la tierra gira su espacio,
el átomo reclama su vacío
su igualdad, su origen.

Hay furia de elementos
desvelando su fiesta,
reflejando su rostro
la pasión se desnuda
en un día de mayo
cualquiera, cualquiera,
en los espejos del río...

Se despide un sueño...

Poesía muerta
temblor de sangre,
eterna simiente desolada
fuente de angustias enlutadas
lapidada en la tumba del destierro.

Una vez fuiste ave,
mensajera dulce del amor,
fuiste vuelo de pétalos azules
trasnochada bohemia de tertulias,
néctar del insomnio viajero del dolor.

Otra vez acudo a vos
a la sombra triste de tus prosas
en el ocaso de tus lirios muertos
fragancia muda de verbos disecados
en el delirio del adiós de los suspiros.

Vete ya...
al sitio desnudo de caminos
al símbolo de dioses de reserva
donde el exilio del amor te espera,
el sitio desnudo, minado de caminos.

Vos te vas... muda
hambrienta de destierros
misionera de culpas y desdenes
tu ruta se acaba en limbo de los dioses
poesía cruda, temperamental, desposeída
de sueños, de ilusiones, decrépita de vida,
No me digas adiós,
me voy con vos...

Estás ahí...

Sabes que te encuentro
donde no estás
y escucho tu silencio
que en el viento me toca,
que conmueve mi dolor
tu risa...

Y tus labios enmudecen
cuando besan
y los míos cantan,
mueren, renacen
publican historias
que rompen digitados
los papeles...

Tu mirada absorbe
todo el cansancio
de mis últimas preguntas
que enmudecen en el plasma
de tu piel en el desnudo
abrazo de pasión, de fuego...

Sabes que te encuentro,
elemento de mi vida,
donde no te busco,
donde no te toco,
donde no te beso
donde nunca escucho
tu nombre y donde tu mirada
se pierde para no verme más.

Estás ahí donde no estás,
donde no estoy...

Meditaciones...

El calor que deploras
es el calor del vientre
que diseña caminos...

Hay en ti un universo que
no diseñas que no propones
pero armas y ejecutas.

Vientre del globo
incubación accidentada
de cosmos y destinos,
propósito indefinido del hombre.

Fuente de madre
de todos los olvidos
y todos los ayeres...
de las leyes y los caminos.

Plasma de placenta
que no diluye, que alimenta,
esfera de los tiempos
que diseña espacios
en historias infinitas...

La materia de todos tus caminos,
la historia del futuro
y del tiempo que se queda
y que a cada instante muere

es simiente de conciencia
de cerebro gris acortezado
de un ego iluminado
venerado como arquitecto de dios,

de complejidades y universos,
de galaxias y de cuarzos...

Nunca será develado
ni el misterio del diseño
de la esencia del hombre
ni la respuesta a la pregunta
mas tonta de de todas las preguntas:

¿Cuál es el propósito de la vida?
El universo no tiene propuestas
ni respuestas al accidente de vivir...

Si tu intención es apoyar a la derecha, igual derecho tiene el otro de favorecer a la izquierda como aquel que no tiene interés en apoyar ni izquierdas ni derechas y no no es porque este quiera favorecer el centro, en política los centros no existen. Más bien se trata de no apoyar un sistema que con imagen de democracia que establece y promueve la injusticia y la desigualdad en el ser humano que innegablemente es cada día más explotado, discriminado y excluido por las esferas del poder económico mundial, exclusivamente en las manos de pequeñas élites capitalistas que dirigen a su antojo y voluntad los destinos de todas las naciones de la esfera mundial. Los mismos que han diseñado el sistema político, democrático y representativo de los países supuestamente "libres", ironía que cada vez sorprende más con niveles desmedidos de pobreza, ignorancia, desigualdad y descarado sometimiento a prácticas de trabajo en fábricas, maquiladoras, y otros abusos en labores bochornosas que en nada se diferencian de las acostumbradas en épocas ancesrales de la escavitud.

Pienso que es otro tipo de ordenamiento político, social y económico, de cambios substanciales, radicales y justos, el que merecería un buen grado de reflexión, consideración y estudio para que esta humanidad empuje hacia un destino más justo, diferente y feliz... Yendo cada tres, cuatro o cinco años a votar por los que encadenan cada vez nuestro presente y nuestro futuro, estaremos defendiendo y promoviendo un sistema de injustcias y desigualdes permanentemente. Sé muy bien que esta es una idea no apoyada por la gran mayoría; no obstante existe ya una marcada consciencia en una minoría que a nivel mundial hace eco, sembrando la semilla de un futuro donde la justicia y la igualdad serán los elementos regentes de la humanidad basados en la eficiente tecnología y la erradicación absoluta del señor dinero... He dicho, damas y caballeros! Piensen y reflexionen! De las locuras, la humanidad se ha valido y se ha servido. Abrazos!!

Has notado?

No puedes esperar
a que la nube rompa el rayo
ni que la simiente brote
cuando has calzado
de cemento gris el suelo.

No puedes esperar
que la rosa proteja las espinas
o que el zenzontle cante
en una jaula de miedo.

Acaso no has notado
que tan doloroso es bajar,
tanto que el descanso es subir,
que no hay verano en el otoño
y el invierno desnuda primaveras.

¿Has notado que el dolor es dulce
cuando hierve tu sangre
en las calderas del amor?
Y si tus besos son cadenas
porqué suspiro cada vez
que sus garfios me sujetan?

Y porqué añoro tu prisión
cuando hay renuncia que reclama
y tiempo que se agota
y distancia que no mide
y que se aleja?

Oh! mi amor!
quisiera que notaras
que el aire de tu aliento
es la única simiente del amor,
de mi amor que muere en tus cadenas
que recicla estaciones de esperanza
que agoniza sin dolor
y sin dolor se muere...

146

Muñeca...

A veces te miento
niña de mis juegos,
te sueño en juguetes
de navidades de barro
y aserrín.

Te miento por amor
porque el amor es sano
y se inventa muñecas
de trapos desteñidos
de polvo y aserrín.

Es día de pascuas
y yo te miento
como en día de reyes,
te miento por amor
porque el amor es bueno.

Y se inventa muñecas
en lujosas vitrinas
donde puedes desear,
tu derecho es mirar.

Déjame que te invente
una muñeca de trapo,
de polvo y aserrín,
bendecida de piso y adobe,
la que acarician tus sueños,
la que inventé con el calor
de mis manos...

No sé cómo...

Cómo se aprende de ti?
acaso es posible revelar
la dermis de tus labios
sin la pasión de tus besos?

Hay un refugio en el iris
de tus ojos claros
que invita a descubrirte
en un cielo de misterios
que esconde su tristeza.

La seda de tus manos
¡cómo alivia!
Párpados celosos de mirar,
de sentir,
de ahuyentar el viento
con la señal triste del adiós.

A veces te miro y me miras
y son tus ojos el espejo
donde toda figura cabe
y aborta toda historia
y toda distancia se pierde...

En el tiempo infinito,
oscuro de tus pupilas
me pierdo excomulgado
de recuerdos y emociones,
no encuentro el camino,
me pierdes, te pierdo
y no sé, cómo se aprende de ti?

En abril...

En abril...
se quemó tu mirada
y tus lágrimas de miel
enlutaron la noche,
la última noche
de tu mar en el puerto
en tu puerto de rosas
marineros y sal.

Tu mirada...
abierta de sal y tristeza
quemó mares de fuego,
cerró puertos de miedos,
alumbró el sendero
del adiós postrero,
de la última morada,
la morada de olvidos...

El frío de los hombres
se quemó sembrando lutos
ardiendo el dolor de la tierra
con tu aliento de tumba,
encendiendo de luces la noche,
apagando los rayos de sol.

El idilio del miedo y el dolor
de la esperanza y el sueño
de la verdad y el engaño
de la fe y el desengaño
del amor y el olvido
se fue contigo
al olvido,
se fue...

Una copia de amor...

Te conozco bien,
emigraste de la última página
de tu historia,
una copia del germen
del amor
con tu pluma manchando
los colores del placer.

Una copia de amor...

Tradujiste mal la copia
que me diste,
asustada en la piel
que te habita...
confundías la pasión
con espermas
que emigraban
a la nación del fondo,
al corazón del vientre.

No era mi intención amarte,
quedarme en tus deseos
fueron mis anhelos
y quedarte fueron tus deseos
en legendaria presa del amor
de la aventura del espejo
de los cuerpos.

Ahora es tarde,
copiamos mal y el destino
escribió mas copias de la historia,
los espejos dibujaron sombras
que mas tarde eran figuras
sembrando las semillas del adiós...

Una copia de tu amor
se me quedó,
se guarda con espinas

guardianes del color
de la fragancia de tus besos
del despertar de la simiente
que se quedó en el fondo
de tu vientre,
en el fondo de la nación del alma...

No más partidos políticos, no más creencia religiosa, no más autoridad.

La libertad total del hombre es mi única profesión de fe...

Tú me enseñaste...

Me enseñaste a cortar rosas
suavizando las espinas,
me enseñaste bañando la piel
con los rayos de la tarde,
a dividir el día de la noche
con crepúsculos enamorados de sol.

Me enseñaste que la noche
sin luz y sin estrellas
es la alcoba del pecado
de los dioses
donde germinan tormentas
de pasión cuando nace
de un hombre y una mujer
lo prohibido.

Me enseñaste que lo prohibido
es la virtud del amor
y el deseo su pecado
porque amar no es pecado
y morir en tus brazos es vivir...

Me enseñaste a vivir tu mirada
a clavar tu sonrisa en mi pupila
a respirar el aire de tu aliento
a beber la savia de tus labios,
me enseñaste que a tu lado
el tiempo muere, se detiene
y el espacio de la noche
es infinito en su galaxia...

Porqué no me enseñaste
el camino del olvido?
Cómo se vive sin ti?...

Oda para dos...

No sé si llegué
temprano
a tu vida,
si era tiempo
de cosecha
o de cultivo.
Era límpida y furtiva
tu mirada,
tus manos
eran suaves
como pétalos de rosa.
Tu boca
se entregaba
como
la miel al pan
como
la luz
a la sombra,
como la tierra
al sol,
como la arena
al mar,
como el amor
al oLvido.
Cuando llegué
eras semilla
que esperaba
por la savia de mi piel.
Eras enjambre
de fragancia
y de colores,
hambrienta
del abono
y del arado.
Era tu cuerpo
flora fértil,
de verde intenso,

frondoso de pasión,
de sueños y deseos...
Eras la musa
que esperaba
por el calor
de mis manos,
por la fuerza
de mi arado
que rastreara,
que aporcara
las colinas de tu piel
y la sombra de tu vientre...
Llegué
y fue para quedarme
a la vendimia
de tus besos,
a beber vino dulce
de tus labios,
a morir junto a ti
hasta que los rastrojos
del tiempo nos separen...

La noche... y "claro de luna"

La noche es larga!
Silenciosa!
Un "claro de luna"
entra sutil
por mi ventana,
la triste melodía
expresando
su belleza en la tristeza...

Un recuerdo fugaz
en una noche triste
de lluvia y de poesía
de silencio y soledad...

La lluvia que canta
melodías de recuerdos,
de viento y làgrimas
en mareas lejanas
de puertos y jazmines.

Mi prosa se desvela
con la brisa que canta
su claro de luna en mi ventana,
evocando la dulzura de los besos,
la mirada triste de mi amada...

Esta noche mi corazón te canta
en mi vigilia y en mi sueño...
escribo para ti, mi amor
con sangre de mi alma...
mis venas añoran el elixir de tu amor!

Somos...

Soy camino y tú poema,
soy el éter de los sueños,
tú la oda en mi cansancio,
somos tú y yo el sueño
de los locos.

Ayer yo fui mejor
porque fui sueño
y fuiste siempre tú
el néctar en mi patria
de labios y de besos...

mi patria fuiste tú!
el monte de las luces,
mi perla del riachuelo,

fuiste el diamante del rocío
en el ocaso de mis noches...

dibujaste colores desnudos
en las hojas
que marchitas anidaban sueños
en mis manos,
las hojas muertas del otoño!.

Me hice sueño para que tú
fueras verdad...
y para que la verdad
se convirtiera en sueño.

Y otra vez, de nuevo los recuerdos,
de aquellas noches
cuando fuimos vida,
fuimos verdad y fuimos sueños...

Oda mía...

Oda de mi vida...
te conocí en el mar,
sabes que volví!

Eres mi pan de cada día,
la savia de mis venas,
Eres el calor de mis pasos
y la luz de mis ensueños.

El dolor de no verte
ha sido la muerte
sin saber quién eres...

Oda de mi vida...
Sabes que volví,
volví para velar tu sueño,
para que al despertar
la aurora de tus ojos
ilumine sendas en mis huellas...

Y la tibia seda de tus manos
en mi frente humille tu recuerdo
grabándolo para no morir
sabiendo que la oda de mi vida
es la prosa de mi muerte...

Los caminos de ayer...

Los caminos de la infancia...
descalzos de la historia,
aquellos de antaños juegos,
nostálgicos...
los de la pelota de trapo
y la poza del sosiego.

Los cañaverales aquellos
donde mimábamos el polvo
del camino con guarapo y miel
y las flechas sacudían gajos
de tihuilote y ramos de flores amarillas...

Eran de polvo y barro
los caminos...
arropados por enormes ceibas
y carretos...
Siempre hubo idilio de besos
y calor de platónicos romances...

Eran angostos los caminos,
el primer amor y un beso,
junto a la mar, cerca del cielo.
Ahí estaba tu sonrisa blanca
esperando mi boca
en un recodo del camino.

Tus manos claras atrapaban
mi cuello con una soga de caricias.
Mis manos cercaban tu cuerpo
enredándose en mis brazos,
incendiando nuestro amor,
derritiéndolo de besos...

Los caminos de entonces
ya no son los mismos,
se fugó la magia a deslumbrar
los tiempos que se quedan
en la historia...

De tu sonrisa blanca ya no supe más.
Las antorchas verdes del camino
se han consumido en cemento y grava.
Sólo el recuerdo, con dolor a historia
me ha quedado de consuelo...

Me inspira desconfianza la cultura del rebaño, cuando otros piensan y la consigna es seguir... Ya se trate de minorías o multitudes, la cultura del rebaño entorpece y anula los más elementales recursos de la inteligencia individual obligándola a sujetarse, limitándose a seguir y obedecer. Cuando te has sujetado y te conformas a determinado condicionamiento ya sea este político o religioso, o a las dañinas acciones y posturas que has adquirido por imitación, la opción de pensar por ti mismo ha sido anulada y la oportunidad de ser libre ha sido violada...

Siguanaba... la llorona del río

En un amanecer sin luz de luna
danzaba la brisa,
y las estrellas palpitaban.

El adiós del río murmuraba
al calor de nuestros pies de niños.
Inocentes y desnudos...

Fue tu grito que espantó la flora
y mi grito sacudió la tierra.

Y con temor adolescente
atravesar quisimos la oscuridad
profunda de ese amanecer
sin luz de luna...

Y aquel eco sin sentido,
sin razón, sin causa, sin origen
estremeció profundamente
aquellos campos...

¡la carcajada!
Que casi alcanza al alba...

Sólo tú testigo fiel, y yo
que ahora te recuerdo
escuchamos con temblor
aquella furia que alternaba
risa con un llanto despechado...

¡La carcajada! La melodía del río.

Por los aires frescos y apacibles
del lejano y taciturno sur
llegaba el tiempo atravesando
la elegancia de su risa,

y su canción de luto, de muerte
desnudaba el canto de las tumbas...

Flacas de niñez y de frescura
nuestras piernas emprendieron
el retorno... ávidas de velas y de luz,
desnudando rocíos de la hierba

¡energía plena!... ¡Virgen de inocencia!
desnudos corazones eclaustrados
en la frescura del tiempo...
rompieron vientos en los filos de la huida!

Comparable solamente nuestra fuga
con aquella carcajada de llanto y risas
de mujer enamorada...

delirando por ausentes amores
que se pierden en el éter de la fábula
y la burla del recuerdo...

La carcajada! la melodía del río!...

Perseguidos por su risa entrelazada
en lágrimas y gritos,
nuestras piernas ágiles y flacas
revolvían el polvo de la noche
conmovida de luceros y palmeras.

Te caíste... y fue mi mano
que atrapó la tuya.
Abrazaste mi brazo con pasión
y tu rostro de morena aurora
brillaba con júbilo inocente,
sintiendo que la visión del río
y de aquel amanecer...
habían sido, sólo un sueño...

Tú y la otra...

Tú me amabas
y yo también te amé,
pero estaba entre los dos
la otra...
que se interponía.

Vivías a mi lado
enamorada del romance
de mis versos y mis besos,
esclava de las ansias
de mi fuego
y yo hambriento de tu pan.

Disfrutabas los celajes
que yo pintaba
de rosado, azul y plata
con los pinceles amarillos
de tu pelo,
que enredabas en mis manos
y mi boca.

A mi lado cada noche
sepultábamos
las penas en la tumba del olvido
y comíamos el pan con el vino
de tu boca en la copa de mis labios...

Siempre decías que yo entendería
que tu amor era sencillo
y que no sabía de egoísmos...

Pero estaba ella, la otra,
bebiéndose los sueños
y mis dudas,
la sombra de ese amor,
que separaba nuestras vidas,
que liberaba mariposas

de sus manos,
que adornaba tus ensueños
de mieles y jardines.
Ella era el pastel
que nunca te di a comer.
Era la pasión cruda de la entrega.
La liberación de los estigmas
que inhiben y flagelan la libertad
y la dicha...

Ella era tu sangre y tu miel,
tu pan sin levadura,
tu vino de consagrar
y ella era libre...
Y a ti, mi amada, quería liberarte.

Siempre decías que yo entendería
que tu amor era sencillo
y que no sabía de egoísmos.

Curiosamente, tú eras patria,
yo era pueblo y ella era libertad...

Tú te fuiste... Y fue con ella.
Ella era libre...

Toda pregunta adecuada contiene su respuesta correcta... Cuando la pregunta es equivocada la respuesta será siempre incorrecta... No hay respuesta adecuada para una pregunta incorrecta.

Serás feliz con él...

Aunque no sea a mi lado
sé que serás feliz...
lo he visto en los ojos
del que te ha amado,

del que aporcó el surco
de tu vientre y abonó
la semilla que he sembrado yo.

Sabes que mi destino
es abrir brechas lejanas
en los jardines azules,

donde el perfume es de algas,
de mangle, puerto y mar,
que mis rosas son de sal y agua.

No me culpes por no haberte
amado como él te amó.
No te culpo por no haberme
amado como yo te amé.

Todo el amor lo consumió
el dueño de tu fruto y de tu miel.

Cúlpalo a él porque hizo
del amor tu primavera
y en cada estación cosechaba
los lirios de tus manos
endulzando las gardenias de tus labios.

Bendijo tu vientre con sus manos
y protegió la simiente que yo no coseché...

Y tú no estás...

Cuando llega ese vacío
y tú no estás,
la soledad es fiel
y se enamora,
espera de la lluvia
su tristeza
y los relámpagos del cielo
rompen el estruendo
de la noche.

Entra el olor
de flores blancas
de nostalgia
y el insomnio
se hace largo
y deliran los recuerdos
de tu boca
en la sustancia
del silencio
donde reposa
la soledad
fiel de trisreza
honda de suspiros.

La fragancia suave
de la noche
penetra blanca
y silenciosa,
esparcida
por la red
de la ventana,
y el suelo de mi alcoba
duerme su abandono...

De mis manos,
tiemblan las palabras
y las voces se hacen ecos

que respiran tu mirada
en el papel virtual
que mis fantasías envuelve...

Ese vacío
se enamora
y rodea tu recuerdo,
en la vertiente roja
de tus labios
que esparcen
su perfume
de pétalos de rosa
en el desvelo
de mi espera,
en el vacío
que me envuelve,
y tú no estás
y tú no vienes…

De qué me sirve partir...

De nada sirve partir,
nunca te dejo.
Tu presencia real es dulce y fuerte.
Pero en la ausencia, tu presencia virtual
es amarga,
y dolorosa.
De qué me sirve partir?
Para olvidarte, dijiste...
para olvidarme.

Ayer tus manos eran la seda de mis manos,
en mis labios, en mi frente,
era tu cuerpo la sábila en mis poros,
tu olor a cerezo fresco y azahares
era la fresa que endulzaba el alma...

Y así quieres que te olvide, prenda azul,
pedazo de mi vida?
Has visto cómo el viento azota
su frescura silenciosa sobre el árbol
que medita,
y las hojas se desprenden a su sueño,
de polvo, de pasos, de otoño?...

El verano que se ha ido,
acaso, no volverá?
y el otoño, se irá para siempre?
Si no voy a olvidarte, de qué me sirve
partir?

La primavera en la alcoba
ha sido de mieles y sábanas mojadas,
lluvia de besos, estrellas y agua dulce
de tus ojos y tu boca
invitando a la feria del amor.

Aunque tenga que partir
y mi ausencia se lustre de mieles
o de hieles,
no lograrán los inviernos que el corazón
se enfríe,
porque tú me has enseñado
que el olvido no tiene caminos...

Ese temor de lejanías...

Ya sin el miedo
que se esconde
detrás de las paredes
podrás respirar mi ausencia.

He reclutado con mis pasos
ese temor de lejanías...

Cuando ya la cal
se aplaca con el agua
y pinta de recuerdos
la morada,
y el trigo endulza
y la caña embriaga
y la tierra verde de los muros
se ha callado
y no resbalan tus manos,
será entonces la vendimia
de tus ojos
el rocío de mis manos...

Y mi abril de primavera
abrazará el calor
de los días santos
de la playa...

Planta el añil en primavera,
recoge sus colores en otoño.
Pinta de azul
nuestro cuartito
y deja que nuestro techo
llore las lágrimas del cielo.
Pero ya no llores, mi amor,
deja que el miedo
se esconda
detrás de las paredes.

Y respira mi ausencia...
y recuerda que he reclutado
con mis pasos ese temor de lejanías...
para volvera a tu lado
a respirar la cal y el añil
de nuestro cuartito azul...

Ni siquiera... sin razón

Vacío! ya sin sueños,
sin la casa, sin el muro
en los limos de aquella
soledad de siempre.

Reducidas a cuotas de silencio
las paredes lloraban
su destino de cal y adobe.
El presagio del dolor era tan hondo,
enmudecido de soledad y tumba.

No hay reclamos ni súplicas,
ni gracia que gravite compasión,
ni el aliento que engendra el alma,
ya no hay fuego en tu débil corazón.

Hay tantas margaritas dehojadas!
tantas hojas abortadas de los vientos!
el ávido secuestro de tus besos
pierde su encanto en el otoño.

Ni siquiera lo que vale un beso,
ni los estrechos corredores
y los pasos de mi suelo gris
ni el clamor del verde muro.
Ni el recuerdo triste de mi casa!

Ni lo que piensas sin mí
ni lo que sueño sin tus besos,
ni lo lo que duele la ausencia
ni siquiera el fuego del regreso.
Ni siquiera nada, ni de ti, ni de mí...

Sin la razón...

La entraña del talento
hizo música en tu voz,
hizo poesía... hizo el verbo
de tus versos.

Celoso el arte estremecido
lanzó sus quejas
al pincel y a las letras,
al cincel y al mármol y la piedra
reclamando al cielo...

la razón de su pasión vacía,
en constelación de gritos,
metáfora de nubes y de nieves
de los inagotables mitos,

de astros bohemios,
negros de galaxias
comprimidas
contrayendo el infinito
a un tiempo y su final,
atrapado en el vacío,

que no tuvo principio
que nunca pasó...
que fue siempre
¡Siempre fué!

Es muy fácil aceptar y llegar a conclusiones en conceptos, teorías y creencias cuando la información proviene de una autoridad, ya sea esta un líder, un libro o una publicidad manejada con eficiencia y astucia. Cuando la información no está respaldada por un hecho, estamos en todo el derecho de creer esa información o no creerla, o al menos privilegiarla con el respeto de la duda. Sin embargo, cuando se nos demuestra o se nos prueba fehacientemente un hecho no nos queda más opción que aceptarlo. Cuando privilegiamos una creencia frente a un hecho no es otra cosa que la prevalencia de la ignorancia como una ofensa flagrante sobre la inteligencia. Nuestra ignorancia existe para ser superada, siempre superada por el desvelo de la verdad... y la verdad debe ser sensible a la prueba de la demostración y los hechos. En caso contrario, no aceptarla o como mínimo, nuestro deber honesto es mantener esa información en el limbo de la duda... Quedarse solo no es omitir tu contacto con las relaciones e influencias básicas y naturales para tu funcionamiento y supervivencia... Quedarse solo es renunciar a toda idea, hábito o condicionamiento que abstrae tu libertad de pensar... Es no seguir ningún líder factual o imaginario, niinguna autoridad... Es no aceptar ninguna creencia religiosa, ningún concepto político, contrato social o económico... Quedarse solo es no cuidar ni proteger ninguna imagen psicológica, de título, posición o de nombre de uno mismo ni de los demás... Es no ser más ni menos que el papa o el rey... Renunciar a todo miedo al castigo y deseo de premio alguno al seguir utópicas y esclavizantes creencias impuestas por supuestas "verdaderas" enseñanzas de libros o líderes religiosos o espirituales... Es vaciar la mente de todo la basura que la contamina... Quedarse solo es renunciar a todos los caminos que engañosamente pretenden conducirte a confiar en deidades imaginarias o personajes factuales que astutamente manipulan tu honestidad e inteligencia y te conducen a renunciar a la verdadera libertad y el libre pensar. La autonomía de ti mismo se desvía ofreciéndote placebos emocionales y muletas psicológicas en aras de confiar en una supuesta seguridad (La seguridad no existe) renunciando a "lo que es" por "lo que debería ser"... Quedarse solo es hacer una verdadera revolución neuronal en nuestro cerebro y caminar nuestro propio camino, sin miedos, valientemente descartando todo aquello que no es sensible a la pruebas. Y sin embargo, dudando, siempre dudando de lo que no ha sido probado, pero que cabe dentro de la posibilidad de un descubrimiento o de una prueba factual... El hecho es la esencia de la verdad, y sólo en la verdad se puede ser libre y sólo siendo libres es posible saber lo que es el amor y la felicidad...

Es Inútil

es inútil
que mis manos
pasen
sin que toquen
tu cuerpo
de esmeraldas,
inútil que el placer
no soprprenda
en el juego
de tus manos infinitas,

este vacío
de grises soledades
es todo lo que dejan
tus encuentros fortuitos
cuando el tiempo
se consume solo.

flora sin ti,
ajena de rocío
y azucenas,
lluvia que tu cuerpo
reprime y sueña
en la savia de la fiebre
roja de la dermis
de mis manos
que no alcanzan
a quemar tu piel,

cuando tu piel
no canta sus auroras
y su flora no brota,
no gime, no canta,
no germina,

sin mis manos
que no te alcanzan,
que no atizan
las brasas de tu cuerpo
aunque arda el viento
y la soledad
sola se consuma ...
ya te habré perdido,
es inútil,
ya no habrá regreso...

Era poesía

Era poesía cuando
las letras no brillaban
y el silencio atrapaba
todas las palabras,
y las nubes
envolvían de nieve
el azul de las montañas.

Mis manos eran trenzas
que enredaban tus cabellos
de jazmines abiertos al sol,
y era esa la pasión que yo
me bebía digitando la seda
que cubría el dintel de tu cuerpo.

Yo amaba las estrellas
de la madrugada y las bebía
porque era tu paladar poesía
y las estrellas eran dulces gotas
de rocío que endulzaban mi boca
y bañaban de silencio el alma.

Yo, era poeta entonces
porque era niño y porque
todos los niños son poetas,
dueños de toda la fantasía
de los cerros, del cielo, del río
y de las olas del mar.

Son tus ojos el secreto que yo amo
porque reflejan el infinito azul tisú
del remoto remanso de mis horas
de infancia...
y tú estabas ahí para
cantar nuestra poesía del alma...

Este lado tuyo...

Siempre estuviste ahí
clara y transparente
en mi mundo de visiones
cercanas a ti, a tus besos,
a tu verso melodioso de palabras.

Era tu lado visible
sin reservas, de entrega,
incondicional...
el lado del pan, del agua
y el vino...

De este lado tuyo
donde estan tus manos
hay cada mañana perfumando
azahares que deslizan
suavemente su aroma
por mi frente, mis labios
y mis manos...

Están tus labios embrujando
nubes de celajes azules y rosados
que cada tarde
inventan nuevos sueños para colmar
mis labios de besos...

Está tu piel que cada noche
cultiva un insomnio nuevo
de aventuras en la fusión
de la montaña de tu cuerpo
y el destierro de mi pecho.

Y rasgar mis manos en las orillas
del muelle de tu vientre,
siempre fue una devoción y un credo
donde se pierden mis sueños
en la aventura del olvido...

Tu otro lado...

El otro lado tuyo
el del instinto fecundo
el de las premoniciones
abiertas al silencio,
el de los espejos manifiestos
a la magia del ónix misterioso...

Ese lado está sellado para mí!
Cerrado a la luz y a mis ojos,
al calor de mis manos,
más allá de mis desvelos
más allá de la retina de mi alma...

A pesar de cada noche de amor,
las coyunturas del placer,
el desvarío y el deseo
que me causan tus besos,
nada ha sido suficiente

Ni el embrujo claro del encanto
de tus ojos que cada tarde
dibujaban celajes y ocasos,
y cada mañana una aurora,
y cada noche los desvelos del amor...

Nada fue suficiente...
No hubo magia para desvelar
el instinto del misterio
donde se esconde tu alma.

Nos amamos, lo sé,
fui tuyo y fuiste mía,
pero la clave del silencio
donde se econden los misterios
de tu alma, nunca fue para mí...

Qué entendemos cuando decimos que hay que ir más allá del ego?...
Partiendo de la premisa de que sabemos lo que es el ego. Qué nos motiva
a querer ir más allá? El ego es el yo, y el yo es codicia, es apego, violencia,
deseo y miedo, es dolor y es placer. Pero también el ego es alegría, es
júbilo, es fe y esperanza, es pensamiento y también sentimiento. El ego
ama y sufre, piensa y reflexiona... El ego, también medita. He querido
mencionar las características o cualidades, negativas y positivas de la
composición del yo, de nuestro ego. Esas no son características ajenas
o externas a la formación intrínseca de nuestro ser. Somos todo eso,
como lo es nuestra piel, nuestra sangre, nuestro corazón, nuestra vida...
¿Podemos, acaso, ir más allá sin nuestra piel? Qué podemos hacer
entonces? No pienso que sea necesario ingún esfuerzo, ni sacrificio, ni
seguir a nadie, ningún maestro, ningún gurú, ninguna creencia. Nada!
Simplemente no hacer nada, no creer en nada que no sea sensible a los
hechos. Observarnos y observar la vida, aprendiendo a funcionar en el
mundo con todas esas cosas negativas y positivas, aprendiendo a guardar
la debida armonía y el equilibrio necesario para no hacer daño a los
demás. Cortar los tentáculos al sufrimiento y abrir la puerta al sendero
de la felicidad, la libertad y el amor deberían de ser nuestras prioridades
en la vida. No pienso, por consiguiente, que tengamos que ir más allá del
ego. Es más, no creo que podríamos, y además no queremos...

179

Segundo paso...

Tu amor es uva fresca
y manantial
de horizonte y miel
sedienta de mis labios.
Es locura de octubre
y primavera.

Mi amor es trigo de otoño
de crepúsculos y auroras,
es caña de azúcar, surco y sol.
Es diciembre
en mis arenas de mar.

Nos amamos una vez
y nuestro amor fue poesía,
fue corteza y fue melancolía
donde anidaron el barro y el pan.

Espiga verde,
azul de mar,
cielo de estrellas,
pájaro y nido,
costa de invierno,
brisa de abril.

Segundo paso,
en nuestra encuesta
del amor...

Nueve de mayo... (Oda a Jilma)

No hay un instante
que te pierda...
han sido tantos inviernos
inventados por los dos
que nos llenaron de besos.

La noche que congela
nuestro sueño
desvela nuestra sangre
para enredar el alma
en la noche que canta
aunque no sea primavera...

El frío fue testigo
de mis brazos abiertos
anidando el calor de tu piel
que me bebe,
de tus manos abrazando mi sueño.

Aunque no quiera recordar
hay humedad de lirios
en tu almohada que me abraza
cada noche...
la misma sábana que aromabas
con tu piel,
abona la memoria de tus labios.

Cuando nacieron tus besos
aquel nueve de mayo de rosas
había luciérnagas parpadeando
luces del ocaso...
yo tomé tus manos cálidas
y ya no hubo frío en mi alma...

Vinieron los vientos de cada octubre
y cada otoño era cascada de hojas
desprendidas de nostalgia...
Mi corazón enfermó y perdí tu mirada...

El sueño del amor! y la piedra filosofal!

Anoche te soñé desnuda
como a una venus
desprendida de su mármol
y despojada de pudores y temores...

Eras abierta y libre.
Dijiste: "Soy la piedra filosofal"
Entra a mí, y refúgiate en mi alma"

He llegado a las puertas
de tu alma donde soñé
que estaba el amor pintado
de rojo, de azul y nácar.
Había un escudo rojo
adornado en venas de ónix
y piedra lunar que decía:

"Alto. Despójate y entra"

Y una voz me dijo
entrarás desnudo, descalzo
de tus pies y sin cadenas
para besar mi aposento
y penetrar la gloria
donde reposa el amor.

Empecé a despojarme
Había tantas glorias, afanes,
apegos y logros.
Mi fe y esperanzas
tenían que ser despojadas.
¡Mi conocimiento!
¡Mis creencias!
¡Todo!

Tenía que ser solo para entrar en ti!
La voz me dijo:
"Esas han sido tus vestimentas y cadenas"

Y las puertas se abrieron!
Y el cielo era ancho y abierto
y en una comunión de todos los colores
el perfume de la libertad y la belleza
adornaban la gloria del amor.

Sabiduría y Naturaleza eran dos señoras
que no podían faltar entrelazando
su eterno idilio con la vida...

Ven amor, dijiste. penetra mi alma
y ámame como yo te estoy amando.
Todo el cielo se nubló.
Se extinguió la noche.
El olvido lo había extinguido todo!
Todo! Todo!...
Desperté del sueño... tú ya no estabas...

¿Puedo sentir el dolor, más allá de mi amor propio, de mi egoísmo, de mi ego? Qué tan comprometido estoy con el dolor de los demás?

Si alguien sufre porque ha perdido un ser amado, porque está terminalmente enfermo, está en la cárcel o su hijo está vedado de libertad, o sé de alguien que se debate en las garras de la depresión y el sufrimiento por el hambre o la privación de las cosas elementales para poder sobrevivir ¿Qué siento? Qué es lo que hago?

Cuál es mi reacción que impide o me obliga a actuar en una forma justa y adecuada, en una forma correcta? Me siento a reflexionar y pensar o decir que lo siento, o hago algo al respecto? Hasta qué grado convierto el dolor de los demás en el mío propio? Hasta qué punto el axioma de que todos somos hermanos es un hecho que me impulsa a ser solidario de manera factual y verdadera sintiendo en carne propia el hambre del niño desamparado, la desesperación de la madre que no tiene pan ni techo para sus hijos, el clamor de los pueblos oprimidos y desesperados atrapados en las garras del capitalismo malvado y de sus perversos e insanos aliados en la religión y los gobiernos corruptos, de sus políticos, de sus medios de comunicación y organizaciones vendidas al poderoso capital y sus corporaciones? Qué haces tú? Eres tan indolente como yo?

Te invito a revisar el contexto de lo que entendemos por amor y solidaridad, y su impacto en el dolor y sufrimiento de los demás... El yo, el ego es la parte consciente del individuo; no es el que determina la supervivencia. El yo es solo un resultado de la supervivencia. Esta última la determina la herencia inconsciente de nuestra especie. Es ese conjunto de instintos, reflejos, premoniciones, intuiciones, insinuaciones, presentimientos etc, que incansablemente están enviando mensajes a través de los sentidos, pensamientos y sentimientos a la parte consciente o directamente al organismo para hacer lo propio a fin de actuar o hacer lo propio adecuadamente, aunque, desafortunadamente, en muchas ocasiones no entendemos debidamente esos mensajes del inconsciente y actuamos, inadecuadamente, en deterioro o en contra del organismo, no favoreciendo eficazmente el rol que favorece nuestra supervivencia.

Yo pensaría que el instinto de supervivencia no forma parte del ego en el sentido de que este último es sólo el producto de la supervivencia. Es decir, nosotros somos ese producto. El yo es ese producto. Pienso que el estado de inconsciencia es el que determina la supervivencia; ese motor indomable de energía que nos constituye, que insinúa u ordena auxiliar al organismo cuando éste reclama suplir lo adecuado y necesario para la supervivencia. De allí se desprende que es necesario el miedo, el hambre, la sed, el sueño, etc. para que la parte consciente del ser, el yo, actúe adecuadamente (aunque a veces lo hace al revés) para suplir esa necesidad que el organismo reclama en función de su supevivencia

Los páramos...

Esta noche, quizás
no sea de magias
ni de lluvias agostinas.

Es noche de páramos,
la noche más triste del sur.

Las nubes de la noche sueñan
con inventar auroras australes
que endulcen la tristeza
de los páramos...

Esta noche, mi soledad
se derrite en la sangre
de los páramos australes,

La nostalgia de las pampas
anida muy a lo lejos
la esperanza del páramo
que congela la dulzura de los cielos.

Esta noche es mi corazón
que agota sus parajes de mesetas
donde tu amor
fue la nubia de mis sueños
y la tumba donde mis huesos
reposarán su historia...

Llueven los páramos de soledad,
congelando su sed de nieves nuevas
derritiendo las antorchas de los cielos
que anidan su luz en su tristeza...
Mientras, te amo y son míos tus besos.

Esperaremos, mi amor,
con el sueño de los páramos
y nuestros huesos en la historia
a que las lluvias inventen sus auroras...

Tu cuerpo...

Tan hermoso!
Cascada montañosa
derritiéndose en mis manos!
Es tu cuerpo
de corrientes cristalinas
que deslizan los arroyos
de tus labios
en la sed abierta de mi boca.

La cascada prisionera
de tus besos
abruma de pasión
el invierno de mi sed
que te bebe
en la roca de mi pecho,
de mis brazos
que naufragan
en el mástil de tu vientre.

Hay un barco de suspiros
que se ahoga en tu cintura.
Tus caderas danzan
como olas donde naufragan
mis manos.

La vertiente de tus senos
corre por mis manos
hasta la mitad del río,
Un remolino oscuro
sediento
bebe mi sed,
mi sed se ahoga!

La vertiente se desliza
por la dermis del rio,
roja del amor de piel,
de venas tibias que corren
por el muslo de tus rocas
hasta la bocana de tus pies
donde se ahogan los míos.

Se han bañado en los ríos
de tu cuerpo
mis manos marineras,
han remado tus caderas cristalinas,
tus manos son las ninfas
que mis manos atrapan,
tus orillas son alientos
que bañan de besos mi boca.

Hasta el mar de mis ansias
y mis noches
donde se ahoga
la vertiente de todos los ríos
fundidos tu cuerpo y el mío!

Esta noche las hebras de la luna
enredan tus cabellos...
tu rostro cistalino y tu alma
son los espejos
del río...
Mi alma se ha bebido todos los espejos...

Toda decisión es un impulso de la voluntad. No se vale decir que decides involuntariamente o que te han obligado a decidir. Sin embargo, cuando amas no es tu decisión porque el amor no es producto de la voluntad. Puedes querer a tus hijos, a tu pareja, a un amigo, a tus padres, pero eso no lo has decidido tú. Eso se ha dado por causales obvias de comunicación, responsabilidad, agradecimiento u otros motivos culturales. Puedes ser solidario, cordial, cariñoso, bondadoso; pero hasta que no hayas sentido por el otro lo mismo que sientes por ti, descontando que lo que sientes por ti es amor (hablo de amor no de egoísmo) sólo hasta entonces, pienso, es válido pensar que ese sentimiento es amor... Sé que a menudo hablamos de amor, machacamos esa palabra como goma de mascar; pero si somos conscientes y honestos ¿realmente lo sentimos?... Amamos al prójimo como a nosotros mismos? Amamos a esos niños de la calle? Al andrajoso mendigo? Ellos también, son "nuestro prójimo"... No pretendo silenciar la palabra amor. No sería posible. Yo nunca lo haría. Sólo quiero invitar a reflexionar un poco en algo que igual que la libertad y la verdad pueden estar a nuestro alcance, pero que cada día las alejamos más... Ahí se los dejo.

Nunca supe...

Qué importa el vuelo sin tus alas!
Dile a los vientos que estoy lleno de mar,
que no me di cuenta de tus pasos
y que en un nudo mi llanto se ahoga.

Se me tuerce la garganta y me ahoga
de tanta distancia, y tú sin llegar.
El hastío de velar cerros mudos de distancia
sin caminos y alas privadas de vuelo.

Y tú sin llegar, y yo jugándome
de sol y espuma, no me di cuenta
si llegaste con la lluvia, pero era triste
el instante, con el mar como espejo.

La luna y las palmeras habían anulado
las últimas brisas de la tarde.
Habían dejado las alas su vuelo
y las dudas empezaron a embargar el alma.
Eran cuotas sombrías de una deuda de amor...

Cuando te fuiste no había dudas,
había cansancio y remodimiento
y tuvimos que pactar un enredo
de promesas y esperanzas.

De parajes lejanos, te he extrañado,
en las noches y en los días, mi consuelo
es el mar del cansancio de pasos.

Y en aquel abrigo tenue de luz, nunca supe
si era tu rostro el que brillaba...
O era mi silencio de distancias reclamando
tus alas de un vuelo sin regreso...

Paseo inadvertido...

Pasa inadvertido todo misterio.
Nunca fueron cerezos, lo confieso.
Eran relámpagos que se robaban la noche.

Era tu cuerpo de sedas alegres
arropadas por el viento y el perfume.

Alegre caminabas sin mirar mi camino.
Y tu camino era el que yo me bebía...

El misterio pasa inadvertido, sediento!
Tus caderas lo devoran con su danza.
Es un misterio inadvertido, por dentro.

Es de fuego y negro de horizontes
como el misterio de tus ojos de caverna,
profundos como la melancolía del mar.

Hay un sabor a vino amargo y pierdo tu camino.
Cuando tus ojos desvanecen las pupilas
y la mácula del sol se bebe tu mirada...

Tus sienes han atrapado el misterio.
Nunca sabré si el polvo del verano
borró tus huellas del camino que yo me bebía.

Nunca lo sabré, si fueron los cerezos,
o los relámpagos que se robaban la noche...

Brisas...

Hay una trémula tisteza en cada hoja
que aborta su vuelo y cae...
Cada hoja es un otoño
y la tristeza un espejo de verano...

Siempre recogimos versos de los ríos
y cada riachuelo era como una oda
de guirnaldas desprendidas de ocasos
y cada ocaso un color y una tristeza...

El recinto estaba marcado de cuadros
durmiendo clásicas historias empolvadas,
copias de muchos encuentros, guerras
y pasiones, de virgenes, reyes y verdugos.

En las costas del trópico hay trigo virgen!
Y en cada sueño hay un júbilo de pan
cuando ya no hubo pan para la guerra,
cuando las armas congelaron su sed..

Las brisas mutaban hojas y colores,
era otoño en todo su esplendor,
desvanecida tu mirada se perdía
en el murmullo de tantas hojas y alas.

Las espigas desprendidas de simiente,
de levadura estéril de manos y abrazos,
de la lluvia y el beso que la tierra no alcanza,
de la flor evaporada en sus nubes de abrojos.

La brisa que tu cuerpo besa cuando pasas
es la que mi alma bebe en su fiebre de sed.
Junto a mí hay un frío que calcina huesos...
Y quizás contigo, digan adiós, las últimas brisas!

Nunca supimos...

Insistías con la misma preguna!
Es el amor la amistad?...
El silencio nublaba de dudas
la respuesta que nunca llegó.

Eramos tú y yo abrigando
un mismo sueño de caminos,
transitados de las mismas ilusiones
frustradas y ajenas, en el mismo suelo.

Un sueño que de niños parecía,
una aventura mística de locos,
tan real como la sincera mirada
de un loco, y su mística mentira.

No sé si era locura de niños
gritarle a la lluvia que nos abrazaba
de lágrimas, y al viento que secaba
el llanto de tu cuerpo y el mío...

Cuando enlazadas las manos del alma,
en la cima del cerro gritábamos al cielo
y al mundo la alegría de nuestros sueños
platónicos... de amistad o de amor...

Nunca lo supimos...fue un secreto
de miradas, de risas, y a veces de llanto,
de sonrisas, de abrazos y uno que otro
tímido beso... de amistad o de amor...

Nos equivocamos, quizás. No lo sé!
Pero, acaso el corazón se equivoca?
Cuando hay brisa y fragancia en el alma!
aunque grite pudores la savia del cuerpo.
Será de amistad, o de amor?...

Para vos, madre...

Este día más que un aniversario
para vos, madre! Es una bendición
para tus hijos y toda tu simiente,
un regalo con que la vida nos premia.

En el ocaso de tu mirada cansada
dimitiendo al final del regazo del siglo,
tus manos en su silencio manchadas
me recuerdan tu pasado de entrega,
de lágrimas, de sacificio y de pan...

Nunca fueron más dulces ni tan bellos
los días como aquellos días de niño
cuando eran tan dulces como la miel
tus manos, y tan duras como el castigo.

No has olvidado la casa del patio grande,
de blancas paredes, de mirtos y azucenas
donde arropabas mis dudas y sueños
y removían tus manos la levadura
del pan de cada día, de dolor y esperanza.

Ah, cuando en el viejo tejado,
te pillé una vez, removiendo dos tejas
para que los reyes magos dejaran
su regalo de niño que se portó bien...

Tampoco podrás olvidar, madre mía
cuando en cada lado de mi pecho
ponias una gota de tu loción favorita,
el perfume de las maderas de oriente.

Hace poco más de un año
que dejaste tu casa de tantos inviernos
de tanto pan y levadura,
de las misas y comunión dominicales,
de la pila de piedra y los pilares
blancos como la pureza de nieves...

Y aquellos cerros gemelos
como el escudo de la patria grande,
callados como las huellas, como el silencio
de las tumbas, ¡como la mirada triste!
allá te están esperando, como dice la cantora...

Tu cuartito de santos y rezos,
de paredes cuadradas de blanco marfil
de viejos rosarios y mudos recuerdos,
de lejanos ancestros y días remotos,
se ha quedado triste y solo, con tu recuerdo,
su miel y las horas de silencio...

Ah madre! Qué generaciones pariste,
qué simiente y qué historia de nidos,
de retoños y capullos, de mieles y jardines.

Tus manos bondadosas han socorrido los tiempos
y así seguirán bendiciendo los sueños,
enjugando las lágrimas, respirando los suelos,
los néctares de vida, de ilusiones y esperanzas...

La simiente que brotó de tu vientre, madre!
tierra frágil de existencia bendecida
se ha esparcido por el mundo como semilla
bondadosa y fértil, dando sarmientos y frutos
y frutos y más frutos... ¡Qué la vida te bendiga madre!!

Llanto y velorio...

hasta esos lamentos de lejos
que retumban como ecos labrados
de plañideras cubiertas de sombras
de vestidos y rebosos de luto indigente

hasta esos ojos que de lejos reniegan
que escupen lágrimas como dardos
que someten los cuerpos a lluvia
de venas heridas de piel y de sangre

no hay recurso que valga un milagro
ni lágrimas que hieran un destino
ni huesos que se resistan a develar
tumbas cerradas en coyunturas
de tiempo

de solemnes plegarias, de credos
y ave marías entrecortadas a presión
de lágrimas y rosarios gastados
en manos de ruego, de piedad
y de pan...

entre silencio y susurros, el destino
calcina el final en su tumba y panteón,
entre olor a ciprés y agua florida
se reparte café, y viandas que saben
a sangre y a muerto...

con olor a hjillo, lirios, palmas y mirtos,
ramos de flores de artificial azul y amarillo
como el sabor del llanto de las plañideras
y el dolor de los que fingen sin saber fingir
y que no saben llorar...

que lloran su propio dolor reprimido
rezagado en plasma de tristeza y soledad
no por el ser que se va, sino por ellos
en la propia miseria de su virtual apego...

El mundo llora triste a sus muertos,
el seno de la tierra los recibe con gozo,
como alimento que nutre sus fuerzas
restándole su propio dolor al destino
y al mundo...

*Alguien que adquiere muchos conocimientos ya sean estos empíricos,
teóricos, académicos, científicos o filosóficos, es una persona culta,
erudita, un maestro especializado ¿Pero es esta persona feliz?...
Alguien que acumula riquezas, sean estas materiales o las siempre
ponderadas riquezas espirituales ¿Es feliz? Los que ostentan algún
tipo de poder ¿Son felices? O quienes mantienen relaciones sociales, de
amistad, de familia o de pareja ¿son así mismo felices por este hecho?
Me temo que no hay relación, ni poder, riqueza ni conocimiento que
puedan dar al hombre y a la mujer felicidad. De hecho, estas cualidades
y ventajas pueden llenarnos de satisfacción y placer, y en cierto grado
hasta de un poco de tranquilidad y cierta sensación de aparente
seguridad; pero en ningún caso, nada de esto será la felicidad...
Entonces ¿Qué es la felicidad? Todo lo anterior que se ha mencionado
puede buscarse y encontrarse, perseguirse y alcanzarse, pero no será la
felicidad. No por buscarse la felicidad será encontrada. Cuanto más
lo hagas más lejos estará. De hecho, ¿es la felicidad algo pleno o es
algo limitado? Pienso, que hasta no haber erradicado el sufrimiento de
nuestras vidas, hasta no haber renunciado a nuestros apegos, a nuestras
creencias y condicionamientos, hasta no descubrir el encanto de la
solidaridad y la llama del amor, nunca sabremos si realmente estamos
pisando ese terreno maravilloso de júbilo y plenitud. ¿Sabemos nosotros
si merecemos, realmente, ser felices?...*

Intimando...

Contemplando tu suelo,
más oscuro el camino
y más dispersas mis dudas,

el alivio que no llega
y esa luz que se apaga
cada vez que en tus miedos,

la nostálgica noche, siembra miradas
de semillas ocultas y sueños
y cielos que humedecen la tierra
de miseria y gritos, y penas y sangre.

LLueve el interior de tus miedos
y otra vez tu fe se quiebra de hojarasca
y sarmientos secos y exprimidos
de corteza y drenajes de venas abiertas,

los rojos destinos al final del camino!...
enmudecen y regresan al principio
de todas las cosas y todas las vidas.
Es infinito el final, cuando todo comienza!...

Amar...

Amar hasta que duele,
un minuto,
un universo,
una eternidad...
un invierno,
mil veranos
en otoño o primavera,
eso no importa,
sabrás lo que duele el amor
porque el amor duele
cuando pone su sello
en el alma...

Si sientes fuego que abrasa
tus venas
y el sentimiento se nutre
de dudas, de dolor
de suños y esperanzas,
que baña, que inunda,
la esencia de una flor,
de la tierra.del rocío,
de las lluvias de abril y mayo,
si en el plexus has sentido
ese hueco sin fin
hondo y profundo
como la distancia y el imsomnio,
como las tinieblas del olvido.

Si has sentido la voz
de tu pecho palpitando,
ahogándose,
muriéndose
de miedo
de dolor
de tristeza.
Y sin embargo, júbilo
alegría, desprendimiento,

venas abiertas, desvelo de música
y poesía...
romance de cuerpos,
labios con sabor a primavera,
a tormenta, a sol y luna,
a lluvia de estrellas,
a hojas muertas del otoño
bañadas del romance de colores
café, verde y amarillo...

y el azul del cielo que baña
las figuras del gris y blanco,
de evaporadas expresiones
de nubes engendradas de mar
en romances de luna, playa
y puertos de tristeza...

Sabes del primer amor?
Es verdadero...
porque en un minuto
se desvela todo,
el tiempo, el universo,
se comprimen, en minutos,
en inexistentes lapsos,
todo el misterio de la vida y del amor.
Después de todo que queda?...
quedamos tú y yo,
bebiéndonos la savia,
el néctar de lo que queda del amor...

Oda de la tristeza...

De tristeza
esta mañana
se ha nublado
mi ventana
y no respiro
las rosas
ni los azahares...

Y el aire parece
enredado,
sofocado de ramas
y hojas
entreviendo
espacios diversos
de luz, de cielo
y de sombras.

El viento arrastra
gorrioncillos
de miel y un bolero
que sabe
a recuerdos
sediciosos
de pasión,
de besos,
de un viejo amor,
que sabe a mieles
oportunas,
fortuitas, quizás
determinadas
a un destino
que resucita
cruces de hiel...

De un amor
que fue cadencia,
fue miel y dulzura,
engendro
de muchos besos
y sueños,
pero también
de añoranzas,
sentimentos
de soledad
y dolor...

La canícula del alma
respira su sed
atormentada
en su avidez
de lluvias
sedienta,
exiliada del sur,
de mesetas
estériles de lluvia.

Y es triste el bolero
y el alma llora
canta y sufre.
Y mi ventana
acongojada
reporta la brisa
que no llega
que respira la soledad
que se enreda
en los árboles y ramas
que no veo,
que sufro
y canto
y lloro...

Oda de ti...

Oda de ti
mojada de mayo
serpenteando
mínima,
gravitada
de rocío
como serpiente
de hojarasca
seca
como tímido miedo
de niño
asustado
carente de mimos,
desdoblado
en el péndulo
de sus miedos.

Así te encontré
vertical
en tus dudas,
sedienta de prisas,
cristalina de mares
ausentes
de playa,
de olas, de sal.

Era dulce tu sed
y limpias
tus alas,
libres de océanos
negros,
de mares azules.

Tus alas de cisne
no pudieron volar
pesaban el viento
en su balanza
de nubes
y plumas.

Yo desnudé
tu dolor y bebí
de tu savia
de tu cuerpo ausente
de piel escaldada
de sol
y zaetas de arena
y hielos
quemados
de invierno.

Era triste tu miedo,
y mi dolor
desdoblaba
el sentimiento
de compasión
y de pena
y tristeza
y lágrmas.

Hay un presagio,
inútil, talvez,
insano
insensato
sediento de muerte
para nacer
de nuevo.
Ojalá sea el mejor
de los caminos,
tu destino y el mío
negados de idilio
de simiente
de esperanza
como la espina
y la rosa
unidos al
amor de flora,
en la simbiósis
de un rama,
una savia
y un camino
que no transita
el mismo destino.

Nuestro amor,
mi vida
morirá un día,
como el amor
entre el sol y la tierra,
como el cielo y el mar
como la serpiente
y su cueva,
como la iglesia
y el credo
como Cristo y María.
Todo es igual.

Nada vive
para siempre.
Nadie es eterno.
Ni tú ni yo
ni el amor
que nació de
esperanzas
y sueños...
Ya todo pasó...
mi oda de amor, se ha ido!

Elegía del panal...

Panalito triste de miel
no registro tu piel de jardín
cósmico, diminuto de tristeza
nostalgia gris que no alegra...

Acerqué la mirada tentativa
precavida sutil de vago temor,
contemplé tu piel de iglú diminuto
como mi última mínima tristeza

Mi alma te describe como capullo
de néctar y de seda dulce y sagrada,
de anillos adornados de mieles
de princesa de ninfas y lagos...

Tan cerca, esta tarde las vi,
diminutas obreras de miel
circulaban de grises aromas
la esfera mínima, indefensa ...

Tu destino raía en mis manos,
pero entristecieron mis lágrimas
y el corazón se nubló de ternura
y no pudieron mis ojos, y lloraron...

Oda del cactus...

El galán de las noches y mi jazmín,
mi dulce gardenia de humilde color
y la danza de colores de mariposas
celebran su néctar de pistilos y flores.

El imponente templo, cactus del jardín
ajeno de hojas y gris de su savia, celebra
su verde de ramas y espinas, embriagado
de diurnos botones celestes, sin hojas.

Esperando la noche en derroche de lunas,
estrellas y cielos, el cactus hermoso extiende
amarillos sus mágicos pétalos blancos...
El cielo celebra y la tierra sumisa se alegra!

Más allá de mis ojos, mi panalito gris,
pelotita de trapo de mis días de niño.
Qué tristeza me das, diminuto de sueños!
prendido te dejo... suspendido de cactus,
en tu péndulo de abejas y miel...

Regreso...

Cuando volviste, aunque no sé
si volviste, parecías estéril, aséptica
de toda ilusión y promesas,
depredada de simientes oscuras.

No sé si de miedo o de ausencias
o de enjaulados demonios, no lo sé,
como sarmiento inúti, sin brotes de vid,
estéril en sus miedos de invierno.

Deja que la nube se vista de gris
cuando preñada de esperma de mar
aborte los rayos dispersos de lluvia,
de lluvias alegóricas enfermas de prisa...
Quizás así entendamos los dos
el misterio del sendero sin regreso,
que no renace, es una ley que muere
que no vuelve, que nunca nada vuelve...

Y tú no has vuelto, eres diferente,
otra que mi alma no ama, y muere.
No sé si volver a quererte sería morir
Sólo sé que soy otro, y que acaba el amor...

Cada primavera es nueva y muere
cada día, a cada instante como
la tierra, nuestra madre, va muriendo
y nuestro padre de la luz, también...

¿Has visto la tristeza de un árbol
cuando muere?

Era tu risa febril de septiembres
helados de lluvias que como saetas
herían el polvo de pasos descalzos.
pero no sonreías, llorabas, gemías.
Eran triste tus lagrimas como lluvias!

208

Y mis brazos indolentes dormían.
Y la fiebre que le canta al dolor
asustando calles que dimiten pasos
no encontraban el calor de tu abrazo...

Acaso el viento no imprime sus huellas
y el águila no muda sus vuelos y garras?
Como la piel respira del cascabel su veneno,
se muere mi alma y no encuentra destino...

Así, mi enfermo corazón ¡por amor al cielo!
en el tuyo ya no encontró camino...

Retazos...

A veces te finjo diferente
como el otro filo de la espada
o el otro lado de la esfera,

sin herir sin rodar
creyendo que la espina
no representa la flor

y que las huellas como
tatuaje de piel nunca
se pueden borrar.

Así te finjo como amor
que se queda,
como sombra de pasado.

Como luz que sin la oscuridad
no encontró su camino...
-===-===-

Inquietos hijos de la noche
cuando la plegaria es una canción,
serenata contagiada de lluvias y de luna
en ese verso derramando derroches.

Hijos del cansancio
adictos de la noche
mercenarios de la oscuridad
amantes del pensamiento largo
insatisfechos en afanes y derroches...

Te amo más de noche...

Te amo más de noche
porque la noche
es también de estrellas,
de fragancias sofocadas
y sábanas mojadas.

Es de sombra infinita
en tu cuerpo,
tibio de azafrán,
como jugo
sin fermento
y pepena de café.

Es como té del oriente
sumiso y claro,
como la lluvia de abril
suave como la espuma de mar.

Y en tu pelo enredado
de moléculas de manos,
las espigas del trigo
resucitan.

Es porque te quiero
más de noche
que la mente se aquieta
y arde el corazón.

Te amo de día
pero no te amo igual,
desfilan tantas figuras
de desencanto y codicia.

La ambición descansa
de noche y te amo más.
Desfilan tantas figuras
de día y no te olvido,
pero te amo
más de noche.

Es el día de la flor,
la rosa, la gardenia
y el jazmín.
La fragancia se extiende
a lo largo del espacio,
de la luz y la sombra,
de tus inviernos oscuros,
como la nostalgia.

Es que la flor, la rosa,
la gardenia y el jazmín
es tu fragancia
que de día embriaga al amor.

Se extiende tanto
el amor!
hasta amarte más de noche.
Se te queda en tu cuerpo,
se te pega en el vientre
y lo enreda de silencio.

Y tus labios que aman
que besan, que queman
que muerden de luceros
la noche...
que renacen en ese júbilo
del fuego del amor...

Amarte así, mi amor!
Qué más puedo pedir?
Qué me ames?
Eso no importa!
Si no me amas
es porque me he robado tu amor
todo tu amor de poesía
todo, todo...
Aunque te ame más de noche!

Mi viejo pueblo... (a mi Santa Elena)

Volver a recorrer tu suelo,
después de veinte años,
emigrados de bandera
y de patria empedrada
de sueños descalzos
y grises,
como polvo de calles,
como rocas quebradas
sin agua
indolente de ríos
que secan veranos
con gritos de avidez, de hambre.

Tus calles otra vez mías
otra vez de polvo y piedra
con la sangre marchita
otra vez repica su dolor
en bronces del recuerdo.

Veo las cruces que desfilan
como gente que muere
que desgasta las calles
con velas, cuerpo y suelo
que cantan con tristeza,
que van muriendo en cada paso
desgranando las letras
del ave maría, desgastando
cada pieza de nácar o madera
de un rosario que indolente
se desgasta, muriéndose
en el miedo de la tumba,
en el olvido...

Voy recorriendo tus calles
pueblo triste...
Nada es igual
y tu suelo no es real

hay un perfume indolente
que no es el mío,
no es el mismo,
el mío era almendro y maculís,
era semilla de higuero
y de tempate,
era la flor del amate...
era el marañón de la calle,
era la cantina, el barandal,
era el redondel y su ceibo
enorme, majestuoso y bello,
era el dios del pueblo.
Olía todo a miel y a naranjo,
a conacaste y cedro,
a feria de pueblo
y nacimientos.

Y diciembre era bello!...
y san benito negrito de sol
de chaperno y caña de azúcar,
de moliendas de miel
y de guarapo...

Plaza de juegos...
Era refugio
de niños alegres
del capirucho, el trompo y la guipa,
templo de gritos,
de inocencia y amigos.
Refugio de besos
de adolescentes ¡amándose!

Entre el calvario y
parroquia
eran mudos los pasos,
había lentos idilios,
de besos largos, sin tiempo.
Eran tan frescos los cuerpos
como la brisa de octubre,

el viento cantaba en un marco
melodioso de nubes
que dibujaban figuras tan blancas
y embriagadas de un cielo
engramado de estrellas
como los ojos de un niño
descubriendo sus pupilas
tan bellas.
Refugio de tantas tristezas!

Ya no es lo mismo,
tus volcanes han emigrado
ese olor a pulpa en alas
de zenzontle y gavilán
y el guapinol y pepeto
depredados en el humus
de tu flora, han sido violados...

Veinte años han pasado.
Nada es igual ¡Qué tristeza!
Volver a empezar, es mejor,
aunque de nuevo, morirme
en tus calles, ya no sea lo mismo...

¿Qué significa amarse a sí mismo? Es acaso esto un hecho o es sólo un concepto, una idea? Para amarse uno a sí mismo ¿no tiene, acaso, que ser libre? Si soy esclavo de algún hábito, de una rutina, o si estoy apegado a algo o alguien, soy realmente libre? Si soy esclavo del dinero, del lujo, de la moda, soy libre, acaso? Soy libre si estoy preso en una creencia, una idea cultural, religiosa o política?... La libertad y el amor son caras de una misma moneda, siempre van juntos Si lo que he mencionado es un hecho y es un espejo en el que nos podamos mirar, podemos decir que estamos cerca de conocer el amor, y sólo conociendo el amor podemos amarnos a nosotros mismos, y sólo así sabremos como amar, verdaderamente, a los demás. Y sólo el amor es el único garante de que esta humanidad se salve de sus cadenas de sufrimiento. Pero ¿Sabemos lo que es el amor?...

Envidia...

No hay envidia de ti,
acaso es envidia lo bello?
yo te puedo mirar
y te pierdo,
todos te miran
no se envidia la flor
ni su fragancia,
su color...
la paradoja de amar
es la envidia del amor.
He visto la rosa
de tu pelo
y he visto tus ojos
los he visto llorar
y perder la distancia,
y la rosa en tu pelo
no envidia el olor de tu cuerpo...
Ah, tu cuerpo,
nunca envidia, no miente,
tus senos agrestes
como cultura de cerro
como diamantes revelados
recién descubiertos.
Envidia no, por favor...
Si sé de mis manos
agrestes y dulces,
suaves, temblorosas
subiendo y bajando
tu cuerpo
de los pies a tu vientre,
tu cintura, tus brazos,
tus ojos que me clavan
el alma...
tu boca que se traga
mi aliento.
Tus labios mojados
de amor se me queman

de veranos y fuegos...
y tus manos que miden
la nube, que inventan
la seda que envuelve
mi cuello...
Cómo quedarme? ya no sé...
Cómo se queda el viento
sin quemarme las penas?
Cómo se queda la lluvia
sin anegarme el alma?
Cómo vivir la vida sin ti...
y morir sin que tú mueras
conmigo?...
Qué envidia del sueño,
de la realidad de ti, de mí,
de los dos!
La envidia es un sueño
como el verso que nunca escribí...

Si amas a alguien esperando algo a cambio ¿Es eso amor?... El amor, no es acaso algo libre, desprendido? Si esperas algo a cambio de amar, hay en eso libertad? No es posible porque el hecho de esperar algo a cambio no es una acción libre, está sujeta a eso que se espera a cambio, y toda sujeción no es libre; por lo tanto no hay libertad... La libertad y el amor van siempre juntos, y sin la libertad y el amor no es posible que la felicidad se aproxime.

De ti, mi vida!...

De ti, mi vida!... lloraré mañana
gravitaré tu piel y sembraré
el destino de mis dudas.

Sin ti, mi vida
no reconocerá la flor
ni su perfume de escarlata
ni las hojas secas desprendidas
en su muerte...

Ah! de tus ojos y los míos
quebrados de angustia
sin acoplo de lágrimas,
de pupilas ausentes,
trasnochando luceros oscuros,
en el hambre de noches sin luna...

Cuando visites tu pan
de recuedos de dolor rasgado
de gritos de ausencia...
Y escuches mi voz en las noches de lluvia!
Como aullido feroz en torbellino de vientos!
Sacude tus sueños profundos,
como roble rebelde depredado
de fiebre de brazos...

Y ahogaré las calles
en bocas de polvo de miedo...
Sin ti, mi vida...
qué será del rocío sin la flor?
De ti, mi vida!... lloraré.
Gravitaré el jardín!
Me hundiré árido de frutos,
sin tu semilla que secó la ausencia...

Sin respuesta...

Que no me di cuenta
y estabas ahí apacible
sintiendo el hastío
y yo bebiéndome tu miedo...

Era sólo una pregunta
intangible de voces,
trémula de labios
infalible en su respuesta...

Y es que no había respuesta!

Era sólo el dolor
que no cabía en un beso
que enmudecía tu azul
de brisas sin alas y sin voces.

Tus ojos y el viento
en su cadencia estatizados
reunían la fuente resumida
de manos y piel, sin respuesta...

No hubo respuesta!
Nunca hubo una pregunta!

El río de la tarde...

En la conciencia del río
no escapamos a su cauce
de su cuerpo desnudo de cristal
de su olor a roca gris
de los poros de ternura
que sus olas ennoblecen.

De los picos que lo beben
agitando el vuelo de la tarde
de las alas desnudas que se alejan
del llanto de las mariposas
que salpican el incienso
de su polen de tarde de oración.

Es el rosario de la oración del río
y mi canción azul en cada tarde
del brindis claro sediento de tus pies
bebiendo vino de la frescura cristalina
¡y de tus manos bendiciendo
mi sed de la vertiente de tu boca!

Ya es muy tarde, amor!
que tristeza la mía y la del río
una noche más que nos separa
un eterno día de nubes y de luces
hasta que de nuevo sea tarde, amor!
hasta que de nuevo sea tarde...

En ese lapso de horas infinitas,
¡qué no sea largo tu viaje!
voy a desgarrar las sombras
y antes de que llegue la tarde
voy a limpiar mis anhelos junto al río.
Mi oración de besos desgranará tu cuerpo!
y juntos en cada gota beberemos
de los besos del río...

Las cosas pequeñas...

Las grandes cosas
que me hierven
son aquellas frases
suaves y pequeñas
que respiro desde la ventana
de tu voz
y que veo desde el azafrán
de mis poros...

Enmielada de labios
tu sonrisa
toca puertas de pupilas,
rompiendo muros
de huesos y de sangre
que gravitan y alzan
la misma bandera
en los mismos puertos
de venas y de calles...

Hay un sólo color del alma
que se agita, que palpita
que gravita su dolor,
que me hierve de rojo
cuando le pintas tus manos
cuando no renuncian a ser
el lienzo de tus besos...

LLegan tan hondo
tus pequeñas cosas,
tus sorbos tan leves
como gotas
en sangre de miel...
de tus labios que saben
del sabor, del color,
del dolor de los lirios...
que no pueden mentir
cundo me queman
cuando dicen me muero,
cuando también yo muero...

Besos...

Y tu miel y tu sangre,
tus sedas son venas
que queman dolores
y añejan sabores
en su misterio de besos.

Se rompe tu piel
en mi proa de manos,
tus poros cadalsos
de sangre, vomitan
placeres de noches
que queman pecados.

Se enredan tus besos
de lágrimas mudas,
de tus ojos
de mirar verdugos,
de su daga los filos callar.
¡Que se dobla de muerte!

Se rompe el insomnio
y no hay sangre,
no hay poros ni sueños
sólo queda el silencio
de un recuerdo
que se alimenta de besos...

El egoísmo es tu impedimento para poder amar.
El único obstáculo para no ser feliz es no querer serlo
Condicionamiento, conformación y creencias son tus cadenas para no
ser libre. Amar es un privilegio, ser feliz una necesidad y ser libre
una obligación...

Te mido

Te mido y cada vez
te agravio más
sin que te toque,
y te ahoga mi sueño.

Te comparto y sueñas
en la almohada que respira
tu aliento que da voces,
que se ahoga huyendo
del llanto mío...

Por la ventana puedo ver
cada nube que te mide
que te oculta
que respira el éter
de las alas del viento.

Te has quedado presa
y te mancho de números
que me restan tu aliento,
y suelos de sangre
sin polvo sin arenas...

Mi exilio de amor...

La nostalgia de tus ojos
me ha revelado tu patria,
mi exilio en tu refugio,
y yo tu bandera de pan.

La desnudez de tus pies
que ha alimentado mi suelo
me ha alumbrado el sendero
donde tu cuerpo es la luz.

La brisa que divierte
su perfuma en tu cabello
y la luz muda y el viento
celebran la fiesta de tu cuerpo...

Me has abierto el sendero
para llegar a tus besos
donde la patria más duele
donde tu cuerpo es mi patria...

¡El exilio de tu amor
es tan hermoso, y duele tanto!

Tus ojos y los míos...

Siempre son mares tus ojos
que me buscan y los míos
que navegan arenas...
que persiguen tu vuelo
en un día sin nombre
que se escapa...
que son de primavera
porque me besan
porque los busco
y son de miel
en su enjambre
de días que se alimentan
de lluvias y suelos...

de otoño tus ojos
de abriles los míos,
de verano se cierran
de fiebres que enfrían
panales de miel
cuando su fuga
es no mirar
no vagar
no volar,
su gris de pupilas
que consumen su azul
de nubes, que en tu cuerpo
y el mío son vencidos de piel...

Los espejos...

Hay un espejo
en el fondo,
de muchas figuras,
de conceptos,
de dudas...
Es un espejo de miedo
que se mueve contigo,
conmigo...
es del tiempo
y tiene alma, y sufre
y sus figuras son muchas,
son de dolor y alegría,
son mudas...

Son figuras, imágenes,
que no son propias...
y tienen alma, sólo una.
Y sufren y lloran,
se comparten el alma
y tienen dueños concretos
que igual son abstractos,
dueños de ti, de mí...
dueños de toda conciencia
y todo dolor...
dueños de todos los miedos,
porque no son solas.
Una imagen nunca está sola,
te tiene a ti y tú a ella
No tienen dueño...
Ellas son tu dueño...

Hay más espejos...

Los espejos tienen alma,
te ven llorar y lloran contigo,
te ven reír y ríen,
se entristecen y otra vez lloran
y tú vuelves a llorar y ríes.
Tú no puedes cambiar los espejos.
Ellos te cambian, te deploran,
te devoran, te embellecen,
te envejecen...
Ellos te cambian...

Sufren, lloran, aman, bendicen
y maldicen contigo.
Tu realidad es el espejo,
muchos espejos
están dentro tuyo, se proyectan
en cada imagen, en cada miedo,
en cada sentimiento
en cada amor...
en cada ilusión
en cada mentira...

En cada ayer, en cada historia.
y en cada primavera
hará cada espejo un verano
y cada otoño un invierno...
Tú no eres real,
tu realidad es el espejo,
realidad que se rompe
a la hora de la muerte, cuando
ya los espejos no podrán verte morir...

Paradoja...

Quién escucha el silencio
de las paradojas?...
ese intervalo entre
tú me dueles, pero sabes
que te amo?

¡Qué tanto sufro por ti
porque te quiero tanto!
¿Sabes del silencio
entre el bien y el mal...
Entre el amor y el olvido?

¡Con la mentira del amor
cosechamos tantos besos
que fueron verdaderos!
Entre el placer y el dolor.

Has escuchado
a la lluvia cantar
cuando bendice la tierra,
y tu cuerpo bendice al mío
cuando los secas
de besos y piel?

Y roba la lluvia
el reposo a la choza
cuando la pobreza inunda
de calamidad el suelo,
y tú quemas mis besos
con tus heridas de miel?

¿has entendido porquè
los celos y el amor se abrazan?
¡Y amándote tanto mi alma,
sufro tanto por ti!

En la paradoja
del placer de tenerte
y el dolor de perderte,
de tu amor y el olvido,
me queda el silencio
donde tu recuerdo grita...

*Cuando no te interesa cambiar, pero te mueven los cambios; cuando
ya no buscas, pero sin buscar encuentras. Cuando el júbilo no te
impresiona, ni el triunfo te enferma, pero te sorprende la vida, la
comprendes y estás alegre, cuando sabes manejar el dolor y no sufres.
Cuando no te doblega la tristeza, pero la angustia de otros te conmueve.
Cuando sientes que es un premio nacer y que vivir es un triunfo, y estás
contento con lo que tienes y lo que eres ¿Acaso, no es suficiente?. Si sólo
te interesa esta vida, tu única vida. Si otra vida imaginaria descartas. Si
te basta vivir la que tienes y ya no te importa morir, habrás aprendido
a vivir, ¿Qué más puedes pedir?...*

La última noche...

Una noche más te pido
porque ya no habrán noches
y los días abrasarán el fuego
de los últimos suspiros
y los últimos besos.
Sólo una noche te pido...

Ven, soñaremos juntos
la misma pesadilla,
el último diluvio
de las lluvias eternas
del mismo manto abrazadas.
Negro luto que acaricia
el dolor y el fuego...

El veredicto final cuando
la última miel de tu piel
acaricie el cilicio tatuado
de manos, en el cadalso
de miedo, en su lecho de muerte.

La batalla final, entre el bien
y el mal, entre el amor y el dolor.
El cielo por fin, derrotando
al infierno, y el infierno
coronando su gloria...

Y los muertos velarán
a los muertos, las historias
quemarán los recuerdos.
En el umbral de la muerte, la vida
sellará su final...

Nada tuyo...

Vengo a decirte adìós
y no quiero llevarme
lo que duele...
me voy a rascar tierra
de la sierra
a desgarrar cortezas
y a tatuar un corazón
en cada puerto de su suelo
con la semilla de mis dagas
con el filo de cada miedo
de cada beso,
de tu adiós en cada herida.

Lo que duele
son tus besos,
son heridas de tu piel
que se quema en mis abrazos.
Son tus labios
mordiéndome el aliento
inventando una ilusión
en cada beso...

Lo que duele son tus ojos,
tu mirada gris
en mis insomnios.
Son el azul de la mañana
y la esperanza
verde de la tierra.
Por última vez
quiero enredarme
de caricias en tu pelo,
en tus senos, en tu vientre.
Decirte adiós
porque me voy para la sierra...

No quiero llevarme
nada tuyo
quiero regresarte
cada beso,
cada huella de tu boca.
Que devuelvas a mis manos
cada paso
por tu vientre,
por tus senos,
en tu piel,
Cada sombra que abrigó
mis noches
y alumbró de brisas
mi esperanza.

Que no nos quede nada...
Dámelo todo esta noche
y yo te daré cada beso,
cada sueño.
No quiero llevarme nada tuyo
No quiero que te quede nada mío...

Desprendimiento...

Más allá de tus pupilas
más allá de la sombra
de tus ojos está el silencio
donde la luz se protege...
Donde tus ojos son espejos.

Toda belleza se ahoga
el dolor mudo se refleja
y todo miedo se esconde
y en las puertas del alma
hay un refugio de soledad...
La luz de tu belleza no ilumina.

Más allá del iris y el tisú
hay un reflejo de tristeza,
la retina embriagada de luz
y de colores se desprende...
Se ahoga en su silencio.

Se muere en la victoria
de su sombra, se desliga,
la belleza despide sus colores,
su luz se humilla depredada...
Las puertas del alma, se han cerrado.

La flor

El árbol verde musgoso
corteza gris, tentativa,
era piadosa la tierra
dándole abrigo a su pie.

Era dura su corteza
como nácar o marfil
piadosa de heridas
y de besos que se robaba
tu sombra...

Mi cuchillo fue el acero
con tu nombre y corazón
cuando mi sangre grababa
y tus lágrimas temblaban.
Era de brisa el silencio...

Entrelazado de dudas
en mis dos flechas heridas,
el musgo parió la flor,
besó tu boca y mis labios.
La flor y yo se bebieron tu savia...

La belleza, la libertad y el amor siempre van juntos. Si no amas la belleza, nunca apreciarás una puesta de sol, así como no distinguirás su grandeza, de un cielo de sombras. Si no amas la libertad; el hábito, la rutina y la costumbre serán tus cadenas y harán que pierdas tu privilegio de amar y la necesidad de ser libre. Nunca sabrás lo que es el amor siendo esclavo, porque el amor, es siempre libre...

Quieres venir?...

Quieres venir?...
te invito a empezar
sólo tú y yo, el idilio.
Empezar el día cero
sin huellas, sin aristas
sin mirarme en tus ojos
y tú perdida sin los míos.

No sabemos del amor
no me conoces
no sé quien eres
ni siquiera te veo,
no hay fuego,
ni siquiera
nos besamos, no hay sangre.

Sin tus manos, sin tu piel
sin el insomnio de dardos
que parecen besos.
Empecemos sin la luz
de crepúsculos azules.
Sin el calor verde de la tierra.

Empecemos sin espejos
sin brisas ni lluvias
sin ese beso de otoño.
Sin la imagen de tú y yo
en embrión, en la tumba,
sin simiente, sin fruto.

Empecemos sin la palabra
del vientre sin esperma de ocaso
sin tu historia, sin los siglos.
Empecemos si haber empezado nunca...

Tú escoges...

Si me engañas
seré frágil para amarte,
te amaría con fuerza
como animal fiel y sumiso
como un ser humano
que ama, que sufre
que se quema, que se muere

si me amaras
habría una canción
de luz cada mañana,
crepúsculos de ensueño
pintaría cada atardecer
y cada noche de tu amor
su elixir bebería

tú escoges
si me amas o me engañas,
el recurso de mi amor
es saldo abierto, disponible
libre y sin censura

estámpame en la piel
la huella de tus labios
para morir como borrego
con la daga de tu engaño
o llena mi camino de ilusiones,
el horizonte de mis sueños
con el beso de tu amor
que nunca tuve...

Manos para no morir...

Me enamoré de tus manos
cuando eran sensibles
a libros abiertos,
a pintar colores
libres y desiertos,
al bordado blanco,
azul, rojo y amarillo,
a la aguja de croché
que la seda bordaba.

Cadenciosas caderas,
ajustadas moldeadas
con la magia gris plateada,
con la aguja de colores
embrujando telas
asustadando bellezas...

Me enamoré de tus manos
cultivando azucenas
deshojando gardenias
de fragancia sutil
atrapando la brisa
de mi estrecho jardín.

Me enamoré de tus manos
lavando pañales
de retoños nuevos,
durmiendo los sueños
"arrurru mi niño
cabeza de ayote
si no te dormís
te come el coyote"

Cumplida misión
de manos austeras,
libres, cariñosas
piadosas, sensibles
de lunas crecientes
llenas y plateadas,
de noches candentes
de historias ausentes...

Si te amé, eso no importa.
Tu milagro fue amarme.

Mi pasado murió con el adiós,
el adiós de tus manos abiertas,
abiertas agitando brisas,
despidiendo puertos
en el sepulcro de mis mares desiertos...

La oración de Consuelo...

A mi madre:

Ya no sé como recordarte,
cuando te ibas a la cama
al despedirse triste el día
y empezabas a desgranar
el rosario de tus manos.

En la época de mirtos
y azahares
la algarabía alborotada
de grillos sofocaba el silencio
y tú empezabas a burlarte
de la noche,
la brisa fresca arrastraba
la fragancia de mirtos y azahares.

Los santos grises clavados
en paredes de cal y adobe
respiraban el humo que exhalabas
cuando rezabas el credo
y padre nuestro
mientras fumabas tu tabaco
al despertar de cada noche.

Los grillos encendían su grito
y repicaban su monótona canción
mientras tú inhalabas y exhalabas
los sorbos de hojarsca roja y seca
y mientras el humo bañaba de neblina
el rostro gris de los santos y paredes
tu oración breve se perdía en el sueño
de la noche...

Un paso al amor...

Si me amaras como
el sol ama a la tierra,
como la espiga al trigo,
si yo te amara como
el mar ama sus playas
y el cielo sus estrellas...

Tú y yo depredaríamos
esa montaña azul
con cópulas y besos
y sembraríamos sueños...

Con el fuego de tu amor
y mi ardiente llama de verano
apagaremos las lluvias de tristeza,
y anidaremos la vid en su vendimia.

Uniremos la uva con el trigo,
beberemos vino y comeremos pan,
anidaremos la corteza de los sueños
y quizás haya simiente que nos una
para siempre...

Haikus

Haikus de realidad

Todo te sirve
salud, dinero, amor
nada te llevas...

Nada te llevas
salud, dinero, amor
todo se queda...

Es suficiente...
qué te llevas al morir?
sólo tus huesos.

Haikus tuyos...

Tu boca y yo
un beso y una flor
frutos de amor...

frutos de amor
una flor y un beso
tú y mis labios...

haiku de vida
oxígeno de amor
simiente pura...

frutos de amor
una flor y un beso,
tú y mis labios...

tus labios y yo...
un beso y una flor
frutos de amor.

Sonetos

Sin Cadenas

La noche y tú...

La noche se quedó en tu pelo
el embrujo nocturno encendió
la llama del amor que trascendió
el camino que cuidé con celo.

La noche se durmió en tu piel
anidando las estrellas de la noche
tiritando su fiesta con derroche
bendiciendo los aires con su miel.

El paseo de la noche refugió su encanto
en la caricia de la piel que vistes
en el misterio de tus ojos tristes
enamorada de la brisa fresca de tu canto.

Celoso el mar se reposó en su espejo
de aquel azul de la estrellas y del cielo
esperando en los puertos su consuelo
borracho de pasiones en su vino añejo.

Tuve celos de los misterios del cielo
de la noche y de la luna llena
declamando gritos con mi pena
celos de no poder desvelar tu velo.

Me he refugiado en el azul del mar
quiero bañar mi sueño en su pasado
cobijar el recuerdo de mi ayer cansado
en su simiente fiel donde podré soñar...

En la montaña...

De ti sólo quedan memorias
las que he guardado como perlas
que son los umbrales de mis noches
donde te miro y mi sueño te persigue.

De las montañas agrestes y soleadas
donde la roca parió tu calor y tu mirada
y cultivó tu sonrisa de hierbas y corales
esa sonrisa tuya que envuelve la mañana.

Tu mirada viajaba violando los vientos
que se perdían oscuros en los ocasos azules
y yo confundía la hierba amarilla de espigas.

Cuando arrastrando veredas abrazábamos
la hierba buscando corales, tú me besabas,
yo reunía tus besos en mis manos y mi boca...

La meditación verdadera no es concentración...
Meditación, es estar atento, estar allí, dándote cuenta, viendo y
observando directamente, sin ninguna imagen, sin la influencia del
pasado ni del futuro, con tu mente, tu corazón, totalmente alerta a
"lo que es", no a lo que debería ser, sin escapar, sin buscar...
Eso es meditación!!

Aun espero...

Aun espero tu carta, amada mía
aunque el olvido impaciente aceche
y las palomas en sus picos sólo arrojen
hojarasca y musgo fermentado y seco.

Las glorias añoradas del regreso
se disipan de tanto viento de otoño
y mi reclamo al tiempo y al destino
es imsomnio que arde en tu recuerdo.

Quizás tu carta traiga brisas de consuelo
y otra vez brille la tierra de esperanzas
en el jardin donde descansan mis ensueños.

En el jardín cultivado de manos y semilla,
de sueños, de margaritas y de besos
está a punto de florecer la primavera...

¿Porqué el ser humano se esfuerza tanto? Contradice lo que en la naturaleza es ley: no esfuerzo? No hay esfuerzo en la lluvia cuando cae. Cuando rotan la tierra y los planetas no hay esfuerzo. La semilla emerge rompiendo la tierra sin esforzarse. Si el tiempo, la naturaleza, y la vida siguen su curso sin esfuerzo... ¿Porqué el ser humano se esfuerza tanto, porqué lucha, porqué compite, porqué busca, porqué sufre en tantos intentos de superación? No es, acaso, la causa del sufrimiento, la lucha, la competencia, el esfuerzo, la búsqueda? Porqué no nos damos un momento de reposo en el camino y meditamos un poco sobre el esfuerzo, la búsqueda, la competencia, y sus consecuencias?

Páginas abiertas...

Ay, de tus páginas versátiles,morenas
de ese libro abierto de manos y memoria,
de débiles colinas con dos antorchas
marinadas de aceituna y miel y prosa.

Ahí bebe, muere y canta mariposas
mi pecho que en tu calor se ahoga,
y en tus labios mi boca deletrea
cada página de besos y cerezas.

Donde tu cintura estrecha que se moja
de la tinta de mis versos que te queman
una poesía que canta la vendimia del otoño...

Y tus caderas amarradas a mis brazos
derriten en mis manos la pasión y el fuego
de una canción de nostalgia y primavera....

Sin un beso...

Si te puedo besar cuando no besas
y te busca un beso mío en tu crisis
de besar y tus labios su miel niegan,
el aliento seco de huellas se marchita.

Un beso que se niega, no respira fuego,
cuando no es de dos no hay fiebre
no muerde sangre ni dolor exprime...
cuando un beso es de dos, se ahoga.

Un aliento que se ahogue en labios,
sólo un aliento necesito, que se queme
de tu boca y un solo beso que me abrase.

Labios ardiendo en fuego de la espera,
pero no estás y no hay beso que queme
ni una boca ni aliento que me abrase...

La atención es importante para ver y escuchar, para sentir...
Cuando lo que se ve es algo bello o lo que se escucha es algo
hermoso, o la experiencia es dolorosa y febril; si hay atención, el silencio
es profundo, la mente se aquieta y arde el corazón...
Hay un sentimiento que no mide, que no añora, que no sueña.
Hay un despertar de la conciencia que no es júbilo ni alegría, tampoco
es deseo ni temor. No hay dolor... Es la esencia de la vida!... Es el
silencio!!

Te amo...

Cuando nos bañábamos de lluvia
bajo las nubes azules de octubre
y mirando el universo de tus ojos,
se bañaban mis labios de tus besos...

Te amo, diiste, cuando capeábamos
la lluvia con sabor a nieves tempraneras
y el crepúsculo reñía con la tarde
que se bebía los afanes del día...

Al misterio de la tarde lo envolvía
esa fragancia a cedro que dibujaba
una lluvia de maíz y trigo de tu boca.

Te amo, decías mientras tus labios
que besaban los caprichos del viento
se bebían toda la sed de mi cuerpo...

La mejor coartada para desafiar el fracaso es la confianza en uno mismo...

Esta tarde...

Esta tarde los cielos cercanos se plateaban,
se elevaban castillos en los llanos del campo
elevando sus cruces en manchas de gorriones,
en las espigas del maìz y el tempranero trigo...

Nuestras manos precoces hundían sus raices
enredándose de cuerpos de fósforo y nitrato
alimentando el vientre abierto de la sierra
socorriendo la fertilidad de la simiente...

Esta tarde éramos tú y yo un solo nido
de tallo verde de maíz y caña de bambú
abrigado con nubes de los espejos del cielo.

Cuando llegue la noche arropada de tus ojos
te invitaré a la cosecha del pan sin levadura
donde los lirios y tus labios abrasarán mi pecho...

El estado de sufrimiento está siempre latente en nuestras vidas. Oculto o manifiesto al acecho, buscando y esperando cualquier situación de desequilibrio del ser humano para lanzarse al ataque y destruir su armonía y bienestar.

Nuestra búsqueda de paliativos como la codicia de más cosas, deseos de superación, liberación espiritual, salvación, iluminación y tantos otros vanos subterfugios que invaden nuestras vidas, no hacen otra cosa que reforzar más el sufrimiento y desterrando, en esa medida, la posibilidad de ser felices en la vida...

Vivir con "lo que es", con lo que realmente somos, descartando las imágenes, creencias y sobre todo la incesante búsqueda de "lo que debería ser", sería posiblemente el camino de acercarnos a la sabiduría, que es verdadera inteligencia, y poder tener la percepción de vida, de una vida plena, decente, sencilla y feliz...

Nuestras cadenas...

Hay muchas cadenas que el ser humno arrastra durante su vida. Valdría la pena destacar tres: el dolor, el miedo y el deseo...

No obstante, me atrevería a sumar un elemento más: la ignorancia. Son cuatro elementos íntimamente relacionados entre sí, al grado que no se concibe uno separado del otro. Se puede ir más allá del dolor si este no sube a la categoría de sufrimiento. El dolor puede llegar a propósito o sin que se haya invitado. Puede infligirlo un agente externo o uno mismo. Si sabes tratarlo a tiempo con la debida respuesta, este se calmará, terminará y ya no será un problema. Cualquier dolor físico o herida psicológica puede degenerar en sufrimiento. Y dependerá de ti si das abrigo al sufrimieno.

El dolor no siempre es opcional, el sufrimiento, si...

El miedo es intrínsecamente un elemento genético, es una inconsciencia del ser, heredado estratégicamente a través de la evolución como una proteción de prevención y defensa del organismo. Es normal hasta donde no degenera en fobia psicológica impuesta por las diferentes aprensiones infundados de peligros imaginarios. Ejemplo, un castigo de Dios, miedo al infierno, miedo al futuro o miedo al jefe, a la mujer, al marido. Miedo al fracaso. Miedo a la muerte...

El deseo, es el tercer elemento intrínseco al ser. Cada ser humano es deseo. Todos somos deseo (Mejor dicho somos esos tres elementos y la ignorancia, también)... El deseo es la energía que impulsa al ser humano al progreso, al decubrimiento científico y tecnológico, es diríamos, el creador del bien y del mal. El deseo hace la paz y hace la guerra. El deseo en sí, no es nocibo hasta que no degenera en

250

codicia, egoísmo, lascibia, violencia y avaricia. Si el deseo es manejado adecuadamente sólo puede se beneficioso...

Y el cuarto elemento, tan importante como los otros, puede ser hasta cierto punto beneficioso, pero también nocibo, responsable en muchas injusticias, depredación y exclusión. No obstante, impulsa al ser humano al conocimiento y este al descubrimiento de lo falso cuando es disfrazado como verdad y a la verdad cuando es disfrazada de falsedad. Puede alentar a la mente a acercarse al conocimiento y a romper las cadenas, conformismos y condicionamientos que la sociedad, la cultura, la religión y la historia le han impuesto...

De nuestra parte y responsabilidad depende que estos elementos, el dolor, el miedo, el deseo y la ignorancia trabajen siempre a nuestro favor y contribuyan a repeler el asedio de la injuticia y el sufrimiento, y nos acerquen a la felicidad...

Procuremos, por lo tanto, ser consecuentes, y que esos elementos no sean nunca la causa para hacer daño a los demás ni a nosotros mismos...

Nocturno...

Por las redes de mi ventana
se escucha la melodía que cantas,
los dedos que cimbran nocturnos
las teclas de romance y de carey.

Sé que ya no me esperas en tu lecho
y que cantas para obligarme a morir
para que mi alma se llene de tu canto
y me abracen tus notas febriles de amor.

Hasta que amanece tu misa nocturna
me envuelve de brisas que lloran y cantan
poemas de teclas que mueren conmigo.

Una noche más y el velo nocturno
se parece a tu cuerpo y me envuelve
y tus notas son dagas que parecen besos...

*¿Al morir, es la muerte que llega, o la vida que se va? Es la vida la
ausencia de la muerte o es la muerte la ausencia de la vida?*

Siento que te vas...

Yo sabía que había germinado tu dulzura
de los pozos luminosos de aguas alegres
de oxígeno secreto de las mieles del vapor
que en el aire parecían nubes y jazmines.

Habías castigado la tristeza con tu risa
y las noches rellenaste de estrellas
y de luces infinitas con el cuarzo negro
de tus ojos que eran luceros que lloraban.

Tus manos emengieron tibias en secreto
de las pléyades en la constelación del tauro
rescatadas suavemente de las garras del orión...

Aún así, no te encuentro, pedazo de mi vida!
Si tus aguas rubias, cristalinas, me sumengen
en tus besos que me ahogan, siento que me dejas...

Si escuchas a alguien decir que se vale por sí mismo, nada más falso. Si tú opinas lo mismo, basta que te observes un poco en tu relación con los demás y te das cuenta cuan equivocado estás.
Siempre estamos necesitando de los demás, llámese medico, dentista, padre, madre, hijo, amigo, etc.
Siempre estamos necesitando de otros.
Valerse por sí mismo es, a veces, otra falacia del libre albedrío...

Codicia de tu amor...

Caminar esos senderos cotidianos
y tus ojos señalándome el camino
perdiéndome en tu risa y tus labios
anulando las alas del destino...

Recorrer la fiebre de tu cuerpo...
en mi destierro de arenas y desdenes
cuando el aire se nutre en la aventura
de respirar tu olor desnudo de deseos.

El camino que me has señalado
abstraído de los tiempos y espacios
no concibe principio ni final.

La codicia de tu amor me absobe todo
lo que acaba jamás tiene principio
y lo que empieza nunca conoce final...

La riqueza y la pobreza no se determinan por lo que tienes, sino por lo que eres. No es cierto que vales lo que tienes, vales lo que eres... Tú puedes saber lo que tienes... Pero, ¿Sabes lo que eres?

La risa del río...

La canción del río que los dos compartimos
está sedienta de ti porque se ahoga
cristalina de sueños, de noches de luna
y de tus pies sedientos que se bebían su risa.

He vuelto cada tarde de octubre a sus orillas,
el viento me ha traído recuerdos y risas de musas
que tiñen rosas y mariposas en cada brisa del río.
Y la corteza del roble reclama la seda de tus manos!

Hasta que vuelvas, mi vida! Hasta que vuelvas,
habré ahogado en la fuente del río mis despechos,
habré olvidado los desdenes grises que me ahogan.

Cada vez que le hablo de ti, el río canta... y llora!
Cuando vuelvas estaré esperando en la cañada del río
abrazando las aguas que se han endulzado en tu cuerpo...

Paciencia, tiempo y confianza, ingredientes esenciales para curar todas las heridas. Cuando piensas que no hay remedio, cuando sientas que no hay salida, sé paciente, ten confianza y deja que el tiempo inexorable en su marcha te devuelva la paz, la tranquilidad y el deseo de vivir... Sólo sé paciente y ten confianza. Todo pasa!!...

La otra imagen...

Tu imagen de serpiente es la que más me envuelve de ti
cuando destila ese veneno de labios rojos de locura y de
pasión
que cada poro de mi piel bebe en la aventura de tu
cuerpo
cuando las sábanas mojadas se ahogan en la cicuta de tu
amor...

Porque tu otra imagen es de libélula herida
saliendo de la prisión de tu pecho para ausentarse
en su vuelo de estrellas serpenteando la brisa al compás
de una canción de mis labios que se aleja en cada mirada
tuya.

Cada noche la serpiente cuece su veneno y me ahoga de
besos
y me bebo la savia de sus dos palomas ahogadas en tu
pecho
y el delirio febril de los desiertos de abril abrasan mi
destierro.

Cada mañana brota un geranio y un pistilo de azucena
que brotan de tu vientre azul de mariposas y de otoños.
Yo me abrazo a tu cuerpo y me abandono al veneno tu
piel...

*Pensar y hacer pensar debería ser el propósito de toda pregunta.
Cuestionar, la visa para saber la verdad, y no conformarse, la puerta
para ser libres...*

No entenderé...

No entenderé jamás tus plegarias
cuando las espadas sean labios,
de muchos bocas que te anuncian
en ecos de vientos que parecen voces...

Son las voces que se besan de huracanes
y lo deprimen todo para que no canten
la primavera que envuelve de sal y rosas
tu cuerpo que renace entre mis manos...

Cuando el viento sacude tus caderas
y las voces callan en mis brazos que
desgranan esos poros de calor y piel.

Tu cuerpo que no miente en su plegaria,
en su rosario de mieles y calor azul moreno
de maíz y arcilla, es cada día, mi miel y mi calor...

¿Dan seguridad las palabras?... Existe la seguridad?

La fuente del deseo...

Hay una fuente en tu pecho
adornada de ninfas y de noches
donde en cada sueño dos palomas
hacen su nido de rosas y de besos.

La fuente es deseo de vino en mis labios
que se ahoga en ese encuentro del río
de tu cuerpo con ese calor de tormenta
que disipa cada norte de las furias de invierno.

Cada mañana descubro una alborada
que desliza sus aguas de lágrimas y mieles
como manantial que bebe de la sed del río.

Nuestro destino simple es el amor,
es cada noche de auroras y de rosas
donde la luna de los dos nos arropa de besos...

Es el odio el opuesto del amor? asi como la avaricia de la compasión?
el bien del mal? o simplemente son estados que coexisten de
manera independiente? Porque si son opuestos, se complementan e
invariablemente no existiría el uno sin el otro...

Sin primavera...

Esta franja del tiempo cálido boreal
de espacios montañosos, austeros
donde se refugia la fiesta de las hojas
desprendidas del colorido y mágico otoño.

Rodeado de las erguidas palmeras
como el cuello dulce de mi amada
me refugio en el seno de mis rosas
que tus manos engendraron de miel.

Ya las rosas y la miel se las llevó el verano
y con ellas, también, la primavera y tu recuerdo
que en cada aurora escribía una leyenda nueva.

Cuando tus ojos eran tristes lágrimas de besos
el otoño dijo adiós y nunca hubo primavera,
las montañas y palmeras se la habían bebido...

Al descartar todo lo que conocemos y sabemos del amor, es probable que nos sorprenda el amor... El amor no es del pensamiento.

El secreto de una brizna...

Tu simiente, amiga... mi simiente!

Una brizna que fue un secreto
y nunca supimos si fue de fuego
o de lluvia, o fue un viaje fortuito
del recuedo como chispa del amor.

Me gustaba tu cabello y tu piel de amiga!
Tenían el color aproximado del amor
de ese amor de juventud que se derrite,
del amor que nació para morir temprano.

Siempre fue tu secreto una brizna de amiga!
que caía palpitante de tus labios sin besar,
que no hiere, que no lastima, pero duele.

La brizna de sol que iluminó el camino
fue la chispa que fijó nuestro destino.
El secreto liberado se hizo cópula y simiente...

tu simiente, amiga... mi simiente!

Quién no ha inventado una mentira? Quién no ha callado una injusticia? Quién no incumplió una promesa? Quién no cometió dos veces el mismo error? Quién no ocultó la verdad alguna vez? Quién no ha sentido dolor? Quién no tuvo un gran amor?... ¿Ves, cómo tú y yo nos parecemos?...

Fiebre...

Mi rústica magia era fiebre de tiempo
era el agosto de lluvia y de pasos,
estéril de vientos y de sentimientos
contagiosos de rimas y pálida tristeza.

Mañana no llega, impreciso, nunca llega,
su fiebre se extiende como la melancolía
como imsomnios que se tragan la noche
de simiente, de senos y piel inconscientes.

Ay, de los vinos que brindaron tu ausencia,
de promesas en noche fascinada de estrellas.
Esta noche quiero vino de mis añejas vendimias.

Quiero ceder al dolor en su paso al olvido,
un último brindis con el recuerdo de besos.
Qué fiebre de tiempo y qué magia de olvido!

*Para saber lo que es falso y lo que es verdadero ¿no debes, acaso,
renunciar a todo prejuicio, descartando toda creencia y mantener tu
mente limpia y abierta para poder investigar con verdadera libertad?...*

Tu amor, mi delirio...

Eran las sombras más espesas de la tarde.
Llovía y los relámpagos dormían su sueño
de cerros lejanos donde la nostalgia reina.
Aún así nuestro rincón era cálido y sencillo.

Yo había recorrido un largo viaje de pàramos
y lejanías, de desiertos y muertes anunciadas,
delirando cada noche estremecido en el dolor
de inviernos en arenas de huesos calcinadas.

Mi obsesión era elástica de noches y recuerdos.
Pensar en ti era el refugio en el delirio de inviernos,
era el único recurso que le quedaba a mis sueños.

Ahora, que de nuevo, tus besos me consuelan
y endulzo en tus labios el dolor de mis ausencias
ya no abrigo más sueños, ya tu amor es mi delirio...

Qué es el tiempo? Un concepto, una ilusión, una medida?
Un concepto al imaginarlo fluyendo y desplazándose en el espacio
horizontalmente?
Una ilusión que se descarga desde un presente hacia el mañana?
Una medida que compara lo que fui, lo que soy y lo que seré? que
mañana seré más bueno, más grande, más feliz? ...
O sólo hay un tiempo real que me indica que dentro de media hora
estaré en la playa o que dentro de ocho horas estaré en Madrid?
Es real que a través del tiempo el cuerpo envejece a pesar de que se
renueva cada día?
Hay tantas preguntas y respuestas sobre el tiempo, Cuáles son las
tuyas?...

Confesión...

Me embriaga tu cabello, te dije,
suelto y alegre como la risa
como la brisa sin temor ni prisa
bañándote las sienes y tus dijes.

Te dije que era sensual tu boca
alegre como la miel y el juego
y que tus besos cual panal de fuego
me queman como el sol a la roca.

Tus ojos brujos como el ocaso
mudos como la simiente del trigo
de claras pupilas de azul regazo.

De labios embarazamos el nido!
Tibios cuerpos embriagados de brazos,
se bebían el vino largo de olvido...

*En el silencio la tristeza llega como caricia del alma... La mente se
aquieta, se aclara y tranquiliza el corazón...*

Mi prosa rota... (soneto)

Mi estilo es de notas fugaces de azares,
es agosto bebiendo de sombras y lluvias
extendido hasta el oriente y sus nubias.
Lo sabes! Yo no mudo mi sed de azahares!

De la prosa que bebe la pausa en mis notas
se ha extraviado de ti la vena dulce de miel.
Amarga de penas se embriaga mi savia de hiel,
agobiada la fe se pierde de esperanzas rotas...

Ahogo mi senda de venas abiertas. Lo sabes!
Mi mástil que hiere con la sangre que brota,
seguirá sin destino abriendo venas de mares!
'

Es que ya no hay más! mi prosa de ti, está rota!
Ya no endulza, tierna, la miel de tus últimos besos,
en boga de mares se han hundido mis últimos versos...

Por un error cometido es un deber pedir disculpas...
Al cometer una injusticia es una obligación repararla, y pedir perdón.

Caminar tu risa...

Es como caminar sobre ardientes veredas
muriendo sin quemarse en abstraida ruta.
De qué copiosas lluvias se abstrae tu voz?

De las lluvas que cantan las flores de mayo
tus palabras alegres me bañan y se escapan.
Escapan para ahogarse en el frío de mis labios.

De espaldas a la lluvia escucho tu voz...
y es la misma voz del río, de cascadas
que ahogan tu risa de burbujas y gritos.

Es como que el río caminara en tu voz
y la lluvia se arodillada ahogada de tu risa.
Caminar sobre tu risa es no abreviar el camino...

*Disfruta ahora, pero nunca dejes de amar el pasado. Te pertenece y tú
a él. Te debes a él como todas las cosas... La lucha de la vida y la dicha
de vivir, serán siempre con él... Lo que no te gusta acéptalo o renuévalo.
Lo que nunca podrás hacer es renunciar a él aunque la vida siga siendo
nueva cada día...*

Tus ojos no mintieron...

Tus ojos no mintieron! Sólo callaban.
Había tanta tristeza en cada lágrima tuya!
Cada lágrima tuya se bebía mis labios,
eran dardos o caricias, nunca lo supe.

Aquí en mi pecho caen dardos como lluvia
que renvuelven mis venas de negras miradas
y todas mis noches de pupilas abiertas...
Jamás supe si eran espadas o eran caricias.

Nunca fue un misterio el iris de tus ojos
tan negros y potables como tu sonrisa,
crepúsculos en dialéctica transparencia.
Embrujados y lejanos, nunca mintieron!

No existen dos cosas iguales y nada se repite; por lo tanto la rutina y la igualdad no existen.

Soneto sin ti...

La noche de lunas ausentes calló,
mi barco sensible de magia de mar
de mástil de puertos lejanos brilló,
en cambio tú no supiste esperar...

Sin fronteras mi barco se agita,
tu miel y mis besos riman derroches
en la pasión de mi pecho que grita
enamorado de puertos y noches...

Pero te fuiste y no te encuentro
mi último puerto se quedó vacío,
huellas y besos repican por dentro...

Mi barco navega enamorado
del mar y de la playa en su brillo.
Mi ancla de amor, ha encallado...

Si sabes que es lo justo y te callas, estás cagándote en tu propia alma...

Soneto para dos...

Eramos tú y yo dos peregrinos
en el mismo suelo y la misma luz,
gotas de sangre añejas de vino
en tu dolor y el mío en su cruz...

Tu respuesta fue la mía al vacío
activando los mismos diagramas
que llovían como misas de hastío.
Tu sentir que deploró mis engramas...

Mi diagrama de savia y de sangre
tu corteza de añil y de frutos
éramos dos, tú y yo con el hambre...

Con el hambre de nubes, vientos y mar
en la misma melancolía de lutos.
¡Si supiera nuestro amor naufragar!...

Si has sobrevivido, hasta ahora, buscando; cuando hayas dejado de buscar habrás aprerndido a vivir...

Te ausentas...

Te ausentas cada vez de luna llena,
tu constelación ahogada de versos
y suspiros se pierde mustia de fríos
en esta soledad sin recursos de luz.

Cuántas lunas pasarán tibias de otoño
y rezarán la magia del idilio de estaciones
que unen su pausa de amor en equinoccio
para enlutarse de frías lunas del invierno.

Las brisas del otoño sus colores respiran
y el olor a oro y fresa fresca de las hojas
cae al alma como cristal azul de manantial...

Nunca mediste mi naufragio de sueños...
Cuántas lunas pasarán tristes de otoño
y cuantos inviernos lloverán tu ausencia!...

La voluntad y conducta del sujeto humano han de estar subordinadas
a la determinación de las condiciones iniciales de nuestra evolución,
como lo están todos los fenómenos de la nanturaleza ...
En tal caso, el libre albedrío adolece de autoridad y voluntad propias
por estar determinado inicialmente por la misma causa universal.
Por lo tanto, el libre albedrío en sí, sólo propone una libertad limitada y
relativa...

Soneto para ti...

Era tu muro de patrias ajenas
de la corteza rasgada de tules
que denunciaba sus míticas venas.
Yo me robé tus colores azules...

Brillando la piel de musas lejanas
orquídeas y margaritas mozas
como serpientes de poción gitana
dándose besos con labios de rosa...

En un enjambre de luces y flores
caminé tu misterio en fragancias
desnudando el jardín sus amores...

Serpentean su fuga de estrellas
el velo embriagando añoranzas.
La lluvia, tú y la noche son bellas...

Nacer es como despertar ilusiones de un nuevo sueño...
Crecer es como ir afianzando las ilusiones del sueño...
Madurar es ir despertando de ese sueño...
Envejecer es haber despertado, después de subir una enorme
montaña de ilusiones y sueños, hasta la cima... Descender, plácida o
precipitadamente, hasta el fondo del abismo, sería morir...
¿O quizás nacer a la ilusión de otro nuevo sueño?

Quién pudiera!

Si tus lágrimas un día pudieran
desnudar tierras de simientes ajenas,
la espiga de los suelos repicaría bronces
y tus besos serían vendimias y frutos.

Qué sería del profeta y qué del marinero,
profeta que adivina tu cuerpo sin tocarte
marinero que lo pesca con el idilio de mar
¿quién sembraría primero, profeta o marinero?

Quién pudiera desnudar tu jardín
si es de noche y las flores se pierden
en silencios de cuadros oscuros.

Sin piedad, el polvo que respira tus calles
tus calles amarillas de parques y templos
se pierde de nubes, de entierros y lutos...

La mayor humildad se encierra en el silencio...
El amor más grande fluye del silencio,
la libertad nace en el silencio, y la verdad sólo puede ser comprendida
en el silencio... ¿Sabes cómo permanecer callado?

Tu cuerpo y el ritual...

Tu cuerpo limitado de letras y canciones
no pudo mentir a la hora de tus oraciones
porque los cantos de piedad eran devociones
tapizadas de las mismas gastadas versiones

era la misa de tu cuerpo a la hora de rezar
la oración que se partía en el deseo y el pan,
la levadura del vino que se bebía su afán
y tus labios que consumìan sangre del altar

era mi cuerpo también partido en tu rezo
y la cruz en mi frente era ritual y era fiebre
de tus labios tibios como savia del cerezo

espantado el vacío huía asustado cual liebre,
mi alma envolvía de celos su ritual de rezos
en la cúpula de amor extasiada en tus besos...

La justicia podrá aliviar tus heridas emocionales, pero estas sólo podrán sanar cuando hayas logrado perdonar...
La justicia es función del pensamiento; el perdón es virtud del corazón.

Vuelvo a ti...

Vuelvo a ti como mar de abril en primavera
como verbo inquieto de verdes esperanzas
que niega su gris al ocaso de añoranzas
como lluvia de mayo ansiosa y tempranera.

No esperes todo el año, triste, me dijiste,
vuelve en abri cuando mis ansias queman
cuando las nubes en el cielo aún no preñan
y el esplendor del rayo en el mar reposa triste.

Ya verás que mayo será siempre primavera
acaba de llegar, que tu abrazo no demore
no dejes que mis ansias agoten mis amores
refugia en mí tu pecho como hierba en su cantera.

Esperaremos juntos el amanecer de junio
cuando la luz sin promesa magnifique su rocío
la luz del astro rey nos embriague con su brillo
y las estrellas de la noche nos revelen su pecunio...

*El amor alumbra el camino de los humildes y oscurece en la conciencia
de los poderosos...*

Su carta...

Quizás usted ya no recuerde
que la carta que dejó sobre mi mesa
y en la huella de sus labios su promesa
de volver con su llama de corazón rebelde...

que me dijo esa noche en navidad
que esperara soñando un año más
que derrotara esa inquietud rapaz
y mordiera un tiempo mi alma en soledad...

ya pasó la navidad, y ha pasado cada viento
y cada primavera con sus rosas de abril
mi retina ya sin luz seca la fe de su promesa febril
y sus labios en su carta besan mi boca con lamento...

El mañana siempre llega, lo veas o no; el mañana es ahora mismo, y lo que esperas vivir mañana empieza a vivirlo, ya...

La hora del silencio...

Cuando la hora de tu silencio llegue
la tumba de mis sueños se irá contigo.
El cansancio de tus atardeceres
marcará la nueva ruta de mis pasos...

Regresaré hasta la última hora
de mis historias cansadas
para girar la esfera de tu memoria
con la palabra muda de tu último verso...

Habrá una luz en tu silencio tenue,
una plegaria de los verbos mudos
como la lluvia que cae y refresca
horizontes de despertares nuevos...

Te digo adiós...
en la tumba de mis sueños
aunque la risa de tu historia
refresque este dolor ausente
que no quisiste abrazar a tu destino...

*Ejerciendo la atención real, de instante en instante, aprendiendo de
la realidad de lo que es, y no de lo que debería ser, es como cada día,
tenemos la oportunidad de mejorar nuestra evolución emocional,
siendo conscientes de lo que somos, a través del conocimiento de
nosotros de mismos...*

Si te busco...

Dónde te busco razón de mis delirios?
en el ocaso de mi sombra te perdí,
rasgué los suelos de tu patria muda
cuando el olvido sacudió tu historia...

Tus ojos tristes desviaron mi horizonte
cuando mis huellas besaron tu cansancio
y ya no sé si buscarte en el recuerdo
o en el camino que desnudó tu olvido...

Dónde te busco si ya no quedan sueños?
y los ensueños se han quedado fríos
en la lápida mustia de los tiempos
renunciando la esperanza a su fragancia...

Sueña durante el día, y por las noches, descansa...

Ay! este azul...

Ay! este azul! cada vez que en el cielo se pierde
que la pluma lo expulsa, el cincel lo denigra, lo pierde
cada vez que se mezcla en los otros colores, se pierde.

Es vanidoso, orgulloso navega los mares robando
nostalgias a marineros que mezclan sus penas de sal.

Sabe que el cielo es oscuro, roba destinos a la alborada,
mezcla nostalgias en los ocasos y anula el sol ocultándolo
en su tristeza, opacándolo en su sueño de lunas, el sol se
va.

Duerme la noche y el azul se queja, no reposa cielos, se
pinta,
se envuelve en su azul de mundos y respira suelos, renace
Ay! este azul!!

Indice

www.ingramcontent.com/pod-product-compliance
Lightning Source LLC
Chambersburg PA
CBHW021218090426
42740CB00006B/268